Gustav Karpeles

Friedrich Spielhagen

Ein literarischer Essay

Gustav Karpeles

Friedrich Spielhagen
Ein literarischer Essay

ISBN/EAN: 9783743669277

Hergestellt in Europa, USA, Kanada, Australien, Japan

Cover: Foto ©Thomas Meinert / pixelio.de

Weitere Bücher finden Sie auf **www.hansebooks.com**

Friedrich Spielhagen.

Ein literarischer Essay

von

Gustav Karpeles.

Leipzig,
Verlag von L. Staackmann.
1889.

Druck von B. G. Teubner in Leipzig

I.

An einem schönen Sommermorgen — es sind nun bald funfzig Jahre her — da stand ein kleiner Knabe am Fenster seines elterlichen Hauses auf dem Markte der alten Hansastadt an dem Ufer der blauen Ostsee. Es mochte etwa sechs Uhr sein; noch waren die Fenster der gegenüberliegenden Häuser geschlossen und die vorzüglichste Staffage des Marktplatzes war der Kuhhirt, der eben seine Heerde quer darüber weg, dem benachbarten Thore zu, auf die Gemeindeweide trieb. Er hatte seine schwer hinwandelnde Schaar noch nicht beisammen, denn von Zeit zu Zeit blies er im Weiterschreiten auf einem langen, wunderlich geformten Horn, und auf diesen Ruf gesellte sich dann wohl, aus einem der Nebengäßchen kommend, eine brummende Kuh zu den andern, bereits in Reih und Glied marschirenden, die sie mit demselben Brummen oder auch laut brüllend begrüßten.

Der Knabe am offenen Fenster war so früh aufgestanden, weil er den Abend vorher über der Lektüre eines seltsamen und merkwürdigen Buches, das ihm ein freundlicher Zufall in die Hände gespielt, schlechterdings keine Zeit gehabt hatte, seine Rechenexempel zu Stande zu bringen. Das Rechnen war überhaupt seine schwache

Seite und so hatte er denn auch heute Morgen, gegen seine Gewohnheit der Schulpflichten sträflich vergessend, sich unmöglich enthalten können, noch ein paar Seiten in demselben Buche zu lesen und wieder hielt das seltsame Buch ihn, wie den Abend vorher, mit zauberischer Kraft gefesselt.

Erst jetzt, da der Kuhhirt in sein Horn bläst und mit seiner Heerde vorüberzieht, blickt er zum ersten Male von seinem Buche auf, ein paar Minuten nur — und da er die Augen wieder auf die Blätter senkt, empfindet er merkwürdigerweise die Unterbrechung keineswegs als eine Störung; denn was er gesehen und gehört: Den blauen, wolkenlosen Himmel, den hellen goldigen Sonnenschein, die blökende Rinderheerde, den blasenden Hirten, den Hund, der bellend die Heerde umkreiste und die Säumigen zur Eile trieb, das Alles war in der That nur gewesen wie ein paar Verse in dem Buche, das er eben las. In diesem Buche war alles ebenso! Da blaute auch ein wolkenloser Himmel, da schien die Sonne hell und goldig, da blökten auch von Hirten geleitete Heerden und außerdem war noch gar Vieles darin Merkwürdiges, Erstaunliches, Wunderbares, so daß des Knaben Herz von einem Entzücken bebte, zu welchem die peinliche Empfindung, einige Stunden später in der Schule bei der Strafpredigt des Lehrers über die mißrathenen Rechenexempel, genau so sich verhielt wie ein unendlich Köstliches, an das man sich sein Leben lang dankbar erinnert, zu einem kleinen leichten Verdruß, den man schon in der nächsten Stunde vergessen hat.

Der Mann, der uns mit solcher Genauigkeit von den Empfindungen berichten kann, die an jenem gesegneten Sommermorgen durch die thaufrische Seele des Knaben gingen, wird natürlich auch mit aller Wahrhaftigkeit melden, was unser Knabe an jenem Morgen in diesem Buche gelesen! Es war:

> Das Lied von Odysseus,
> Das alte, das ewig junge Lied,
> Aus dessen meerdurchrauschten Blättern
> Ihm freudig entgegenstieg
> Der Athem der Götter
> Und der leuchtende Menschenfrühling
> Und der blühende Himmel von Hellas.

Man kann wohl sagen, daß diese Jugenderinnerung an einen Sommermorgen an der Ostsee vorbildlich ist für das ganze Schaffen des Dichters, das hier in kurzen Zügen geschildert werden soll. Denn kein Anderer als Friedrich Spielhagen war jener Knabe, der mit dem Homer an der Ostsee aufgewachsen ist.

Und als der Knabe zum Jüngling heranreifte, war es wiederum Goethe, dessen vorzugsweise episches Genie ja auch im Homer seine Hauptnahrung gefunden hatte, welcher ihn mächtig in seinen Bannkreis zog. In dem Maße, als er sich in den Homer hineinlas, wuchs sein Erstaunen; je mehr er sich in das Verständniß Goethes hineinarbeitete, häufte sich sein dichterisches Vermögen. Hatte ihn bei Homer ursprünglich nur das rein Menschliche interessirt, so lernte er später, vielleicht auch durch Goethe, die Naturanschauung des Dichters kennen und verehren. An Homer und an Goethe hat sich Friedrich

Spielhagen zum Dichter herangebildet. Dann kam eine
Zeit, wo dem Jüngling die Helden der alten Odyssee
und die Leiden des jungen Werther zusammen in den
Hintergrund rückten, die Zeit des Sturms und Drangs.
Wild jagt er ins Leben hinaus und stürzt sich in den
Strudel der Zeit. Nichts entgeht ihm, was das Leben
bietet, was die Zeit mit sich bringt. Aber nicht lange
dauert dieser Taumel. Der Jüngling zieht sich bald
in sich selbst zurück und wird vielmehr ein aufmerk=
samer Beobachter der Lebenserscheinungen und Zeit=
ereignisse. Aber dem Blick des flüchtigen Beschauers
erscheint sein Treiben freilich noch seltsam, vielleicht sogar
verworren, sicher aber unersprießlich. Unstät treibt sein
Lebensschifflein auf den Wellen des Tages dahin und
seine Empfindungen schaukeln in jähen Contrasten her=
über und hinüber. „Herzliches Erschließen wechselt
mit schüchterner Zurückhaltung, unbekümmertes Dahin=
leben mit peinlicher Selbstquälerei, hohes Fordern an
sich selbst mit nicht minder großer Fahrlässigkeit in
Thun und Handeln, leidenschaftliches Versinken in Arbeit
und Studium mit völliger Abwendung von den Büchern,
zartes bewegliches Empfinden mit abstoßender Gleich=
giltigkeit, selbstgewisse Ausschau ins Leben mit verzagen=
der Planlosigkeit, mit halber Verzweiflung." Es ist ein
Jugendgenosse, der dieses Porträt seines Freundes ent=
wirft. Und ein anderer, gleichfalls ein Jugendgenosse,
weiß uns aus jener Periode noch zu erzählen von dem
„blassen, langhaarigen, stillen und schroffen Jüngling,
der mit dem menschenscheuen Wesen und den wunderlich
scharfen, unjugendlichen Zügen seinen lustigen Commili=

tonen für einen altklugen Sonderling galt, der immer Sentenzen von Goethe und Shakespeare, Homer oder Sophokles auf der Lippe trug, deren Werke er mit vollendet schönem Ausdruck und einem herrlichen Organ recitirte, unzufrieden mit seinem Loose, unentschieden über die Wahl seines Berufes, nüchtern und schüchtern den studentischen Lustbarkeiten ausweichend, selten sich unaufgefordert an den Scherzen und Gesprächen seiner Kameraden betheiligend, nur daß er hin und wieder eine sarkastische Bemerkung dazwischenwarf."

Aber der eine Jugendfreund, der erste, der schon in diesem wogenden Durcheinander widerstreitender Elemente etwas Gesetzmäßiges und eine höhere Entwickelung erkannte, der in der trüben Gährung schon den goldnen Firnwein mit Kennerblick ahnte, der einst mit seinem Duft und Feuer, mit seiner Kraft und Milde die Herzen erquicken sollte, erwies sich als tiefer blickender denn der zweite Jugendgenosse, welcher damals schwerlich geglaubt hätte, daß sich aus der grauen Puppe dieser mit sich und der Welt zerfallenen Natur schon zehn Jahre später der bunte Falter der Dichtung hoch emporschwingen werde.

Es ist bedeutungsvoll, diese Entwickelung zu verfolgen. Wer nicht die Schwankungen und Qualen einer solchen Entwickelung durchgemacht, wer nicht den Fluch eines solchen Widerstreits zwischen Wollen und Können, zwischen Erstreben und Erringen, zwischen Genuß und Arbeit selbst durchgelebt, aber auch innerlich durchgekämpft hat, der kann nicht das Bild solcher Naturen, eines modernen Hamlet, eines modernen Don Juan und am meisten eines modernen Doktor Faust mit den entsprechenden Farben zeichnen.

Wie dieser letztere so hat auch der Dichter schon auf Universitäten „Philosophie, Juristerei und Medizin" mit heißem Bemühn durchstudirt und auch mit der großen Gottesfrage und allen möglichen Zweifeln der religiösen Skepsis gerungen. Auch ihm lächelt manch' deutsches Gretchen mit blauen Augen und blonden Zöpfen freundlich zu, auch sein Geist kämpft mit dem Bösen und tastet auf unsicheren Pfaden dahin, das Land der Sehnsucht, das Ziel der Verheißung vor Augen habend, ohne es erreichen zu können.

Aus diesem Widerstreit der Gefühle und Anschauungen erwächst ein neues Drittes, der Humor, welcher aus der tragischen Weltanschauung als ein ins Unendliche gehender Contrast zwischen Ideal und Wirklichkeit entspringt. Mit Staunen sehen die Freunde dieses neue Ferment seiner Entwickelung, seinen leidenschaftlichen Zug zum Humor. Was ihm früher Homer und Goethe gewesen, das sind ihm jetzt die englischen Humoristen, und es scheint fast, als ob die großen inneren Kämpfe und Zweifel überwunden wären. Wie ein Retter erscheint ihm der Humor, der ihn belehrt, daß auch er Theil habe „an der ewigen Herrlichkeit der absoluten Idee", der ihn darüber tröstet, daß nicht alle Blütenträume reiften und daß von allen Idealen, die er in seinem Herzen trug seit jenem gesegneten Odysseemorgen, nur eines noch unerschüttert feststeht, dieses eine freilich das Ideal der Kunst, der ewigen, unvergänglichen, die den Jüngling wie den Mann über alle Kämpfe, Irrnisse und Wirrungen seines Lebens wie des Lebens seiner Zeit hinauszutragen im Stande ist.

Dieses Ideal trägt er nun im Herzen und nichts vermag in ihm den Glauben an dasselbe zu erschüttern. Wie bitter auch das Leben mit ihm umspringt, wie viele neue Wandlungen er noch durchzumachen hat, ohne zu einem Resultat, ohne zu einer festen Lebensanschauung, noch weniger zu einer sicheren Lebensstellung zu gelangen, er trägt ja doch den Gott in seinem Herzen und hat auch nicht einen Moment, wo er demselben untreu zu werden vermöchte.

Voll warmer Theilnahme folgt das Auge der Freunde seinen wirren Lebenspfaden; auf der Suche nach einem Berufe sehen sie ihn heute als Hauslehrer in Pommern, morgen als Landwehroffizier in Thüringen, das eine Mal als Schauspieler gar und das andere Mal als Lehrer. So seltsam widersprach sich sein unklarer Lebensdrang. Und doch ist diese Zeit des Wanderns, des Hin- und Herirrens, die Zeit da Pegasus ins Joch gespannt ist, keineswegs eine verlorne zu nennen. Gerade in dieser Periode lernt der Dichter selbst das Leben am besten und am genauesten kennen, von allen Seiten und nach allen Richtungen hin; seine ersten Romane sind sicher die geistige Frucht jener Lebensperiode. Der harte Kampf mit dem Leben stählt seine Kraft, die Ungunst des Geschicks weckt seine Energie, das bunte Treiben der Zeit regt seinen Geist an, und die Beobachtungen, die er in verschiedenen Kreisen und Verhältnissen reichlich zu machen Gelegenheit hat, bereichern seine Kenntniß von Menschen und Dingen

Es füllen sich die Lücken in seinem Wissen, in seiner Weltanschauung und in seinen Lebenserfahrungen; mit gesammelter Kraft schreitet er hinaus ins Leben als ein Mann, dem nunmehr nach allerlei Fährnissen und Enttäuschungen sein Ziel klar vor Augen steht. Hatte er früher willig oder gezwungen sich dem Weltschmerz ergeben, der die Signatur der Zeitperiode bildet, in welcher der Knabe zum Jüngling heranreift, hat er wie Werther sich oft zu Bette gelegt mit dem Wunsch, ja manchmal mit der Hoffnung, nicht wieder zu erwachen, ja erschien ihm, wie diesem, jezuweilen der ganze Mensch „wie ein versiegter Brunn, wie ein verlechzter Eimer", so hat er sich nun in den Kämpfen der Jugend ein Gut errungen, ein köstliches Gut, freilich auch das einzige: die Resignation. Er weiß nun genau, daß alles Vergängliche eben nur ein Gleichniß ist, heute wie unter der Sonne Homers, und daß es heute wie damals des Dichters höchste, ja streng genommen seine einzige Aufgabe sei, dieses Gleichniß zu deuten, den unvergänglichen Sinn desselben zu enthüllen.

Mit dieser Erkenntniß war er ein Dichter.

II.

Später als irgend ein anderer moderner Schriftsteller ist Friedrich Spielhagen in die Literatur eingetreten. Er ist bereits ein Dreißiger, als sein erster größerer Roman 1859 erscheint. Mit diesem Roman erringt er aber auch einen vollen Erfolg. Ohne diesen Erfolg, so erklärt er seinem Verleger damals, will er für immer die Feder hinlegen. Es ist der letzte Versuch, den er wagt, der erste, der ihm gelingt. Man muß also annehmen, daß viele mißlungene Versuche vorausgegangen sind, die er der Oeffentlichkeit vorenthalten hat, denn wir kennen nur zwei novellistische Arbeiten, welche diesem Roman vorausgehen, welche aber freilich beide schon charakteristisch sind für sein dichterisches Schaffen: „Clara Vere" und „Auf der Düne" (1857, 1858). In der ersten Novelle schildert er, nebenbei gesagt, ein Erlebniß in Thüringen, die zweite bietet uns eine Erzählung aus Pommern. Pommern, speziell Neuvorpommern und Rügen, bleibt der eigentliche Schauplatz seiner Schöpfungen; Thüringen wird ihm aber eine zweite Heimat, die sich seine Liebe im Sturm erobert, und wo das Herz des Empfänglichen in seiner Werdezeit reiche Nahrung für Geist und Phantasie erhält. Einer so starken Phantasie wird jedoch diese Nahrung leicht zu schwer und ein so heißes Herz kann von tiefern Eindrücken nicht unberührt bleiben. Aber glücklicherweise sitzt die Wunde nicht zu tief, und das Heilmittel, zu welchem sein großer Meister in solchen Fällen seine Zuflucht genommen, bewährt sich auch bei seinem Schüler, dem es allerdings noch nicht verstattet ist, die Geschichte seines Herzens in pragmatischer Ausführlichkeit zu erzählen, der sich vielmehr mit dem Hinweis auf Charaktere und Vorgänge in seinen Werken begnügen muß, in welchen er jene Geschichte dichterisch zu verwerthen und zu verklären gesucht hat. „In diesem Falle darf der Hinweis vielleicht noch ein besonderes Interesse beanspruchen, als er dasjenige meiner Produkte betrifft, welches sich von den früheren und auch von so manchen folgenden einzig und allein erhalten hat, das Märchen von der Schwalbe nämlich in „Clara Vere". „Ich habe es dieser meiner ersten Novelle — d. h. der ersten, welche das Licht der Welt erblickte und nicht im Dunkel meines Schreibpultes verschollen oder im Rauch des Feuers aufgegangen ist — eingefügt, ohne ein Wort daran zu verändern, in jener, glaube ich, richtigen Ansicht, daß man frühere Produkte entweder ganz verwerfen oder ganz so lassen soll, wie sie ursprünglich geschrieben wurden."

In beiden Novellen tritt das Studium Goethes erkennbar hervor in der Einfachheit der Handlung und in der Klarheit der Darstellung; über der einen liegt der salzige Hauch der Ostsee, über der andern der würzige Duft des Thüringer Waldes.

Alle seine spätern Werke spielen entweder an der Ostsee oder in Thüringen. Nur selten macht er einmal einen Ausflug nach Berlin, nach Hamburg oder nach Wiesbaden, und von jedem solchen Ausflug kehrt er immer rasch zu seiner alten Liebe zurück. Es ist das charakteristisch für das Schaffen seiner Phantasie, die eben nur aus einer Fülle des thatsächlich Beobachteten schöpfen kann. Ueber Alles liebt er zum Beispiel Capri und doch konnte er sich nie dazu entschließen, seine Felsenufer und Paradiesesgärten zum Schauplatz auch nur der kleinsten Erzählung zu machen. Er hat es nur als Reisender kennen gelernt und dieses Kennenlernen genügt ihm nicht für seine poetischen Zwecke. „Bevor ich den Herbststurm durch die entblätterten Aeste der Bäume sausen lasse, muß ich oft und oft in ihrem Sommerschatten geruht haben; und die Sturmflut darf

mir nur über einen Strand rauschen, in deſſen glatten
ſonnenbeſchienenen Sand ich unzählige Mal die Spuren
meiner Füße abgedrückt." Es giebt wohl nicht viele
moderne Dichter, die ein ſo ſtolzes Bekenntniß in Wahr=
heit ablegen können wie Spielhagen, daß er keine Gegend
je geſchildert habe, über die er nicht tauſendmal wenig=
ſtens die Sonne hat aufgehen ſehen.

Mit demſelben Eifer und mit derſelben Gewiſſen=
haftigkeit geht er auch an die Schilderung von Charakteren.
An ſolche, die er in Wirklichkeit zu ſtudiren keine Ge=
legenheit hatte, wagte er ſich nur ſelten heran. Er
ſchildert nur Menſchen, die er genau kennt und Er=
eigniſſe, die er erlebt hat. So ſteht ſeine Natur=
beobachtung und ſeine Menſchenanſchauung in einer
gewiſſen Harmonie; als charakteriſtiſches Moment in
allen ſeinen Dichtungen tritt hervor: Die ſymboliſche
Verwebung des Naturlebens mit den Regungen
des Menſchengemüths. Sein Streben iſt nach dieſer
Richtung hin meiſt auch von Erfolg begleitet. Wenn
neuerdings Emile Zola als der Meiſter dieſer Sym=
bolik geprieſen wird, ſo hat man bei der Ueberſchätzung
des fremden die Werthſchätzung des heimiſchen Dichters
unterlaſſen, dem wir gerade durch dieſe Parallele zwiſchen
den Stimmungen und Gewalten der Natur und den
Regungen und Stürmen des Menſchenlebens eine Reihe
künſtleriſch ausgeführter Bilder verdanken.

Spielhagen iſt alſo ein Realiſt, und er arbeitet
nach Modellen. Im Grunde genommen thun dies ja
alle modernen Dichter; ja wer viel geſehen und ein
gutes Auge für die Erſcheinungen des Lebens beſaß,

konnte es auch in früherer Zeit nicht anders thun. Gleichwohl ist die Idee, daß man nach unbestimmten Idealen Charaktere entwerfen könne, die wirkliches Leben athmen, in der deutschen Romanliteratur lange giltig gewesen, so lang, als die Dichter nicht nach dem Leben ihre Gestalten bildeten und daher nur Phantasie= gebilde schufen. Sie hätten auch mit Modellen nichts anzufangen gewußt, im günstigsten Falle hätten sie sie genau abkonterfeit. Es kann sich eben der Modelle nur bedienen der Dichter, der selbstständig nachschaffen kann.

Spielhagen kann es, und einer seiner Kritiker hat mit feinem Verständniß den Prozeß dieser Umwandlung eines lebendigen Modells in eine dichterische Gestalt so dargestellt: Wenn er eine Figur, ihre Art zu sein, sich zu bewegen, zu sprechen und zu denken, aufmerksam be= obachtet und die charakteristischen Punkte gefaßt hat, so gestaltet sich in seinem Innern etwas, das dieser Figur entspricht, das ihrer Grundform gemäß empfindet, denkt und sich bewegt. Und so schafft er denn doch von innen heraus. Es ist, als ob die Lippen des Dichters sich dann von selbst in der angeschauten Weise des Vorbilds bewegten. Kommerzienrath Streber, die empfindsame Emma von Silberstein, Timm, Mlle. Marguerite, die alte Sarah Gutmann und der junge König in dem Roman „In Reih' und Glied": alle diese Figuren sind von einer ziemlich komplicirten An= lage, sie haben eine sehr eigenthümliche Ausdrucksweise, zu der offenbar ein Modell gesessen hat und sie über= zeugen doch durch ihre unbefangene Folgerichtigkeit; sie sind eben aus vollem Holze geschnitten.

Das, was dem alten Epiker als seine vornehmste Kunst galt, wodurch und womit er sich seine Welt aufbauen konnte, nämlich: daß er Gestalten schafft und daß er diese Gestalten handeln läßt, das ist auch für den neuern Dichter das Wichtige und Ausschlaggebende. Die Sache klingt so einfach und ist es auch wirklich; aber sie muß gleichwohl sehr schwer sein, da von Anbeginn aller epischen Kunst bis auf den heutigen Tag alle Dichter mit diesem Problem gerungen haben.

Dieses epische Gesetz ist aber für Spielhagen das maßgebende. Für ihn ist überhaupt das Grundgesetz der Phantasie dasselbe wie für den Dichter der Ilias und Odyssee: Du sollst uns Menschen handelnd vorführen, Du sollst dies und nichts anderes thun, weil Du nichts anderes thun kannst, ohne in demselben Momente aufzuhören ein epischer Dichter zu sein. Ihm sind Epos und Roman nicht Halbbrüder, sondern Zwillingsbrüder und er kennt keinen Unterschied in den Bedingungen antiker und moderner epischer Poesie.

Die alten ästhetischen Kategorien erscheinen ihm abgenutzt und werthlos für die Abschätzung modernen dichterischen Schaffens. Für ihn entrollt auch der moderne Roman einen Völkerkampf so gut wie das classische Epos, ohne daß dieser das individuelle Erlebniß außer Acht lassen darf. Und wie das Epos, so wählt sich auch der Roman — nach seinem Sinne — nur die hervorragenden Charaktere zu seinen Helden. Er ist das Organ seines Volkes und schafft gleichwohl mit frei erfindender Phantasie. Das Einzige, was den modernen Dichter von dem alten Homeriden scheidet, ist der Umstand, daß er nicht als Rhapsode wie dieser von Stadt zu Stadt ziehen und seine Dichtung vortragen kann. Spielhagen hat über das Verhältniß von Epos und Roman eingehende Studien gemacht und einige Arbeiten veröffentlicht, die einen interessanten Einblick in die dichterische Werkstatt des modernen Epikers gestatten, aus denen wissenschaftliche Schlüsse zu ziehen, den Aesthetikern von Fach vorbehalten bleiben muß. Für unser Vorhaben genügt es, auf diese Uebereinstimmung in den Grundbedingungen antiker und moderner epischer Dichtung hingewiesen zu haben, wie sie Spielhagen als Ideal vorschwebte

Denn aus dieser Uebereinstimmung erwächst der Grundgedanke seines dichterischen Schaffens mit zwingender Nothwendigkeit. Schilderte das alte Epos die große Göttermaschinerie und die Thaten der Helden und die Begebenheiten der Zeit, so hat auch der moderne Roman keine andere Aufgabe, als die Thaten und Begebenheiten seiner Zeit, das Culturgemälde seines Jahrhunderts, darzustellen. Der moderne Dichter hat also das Leben der Gegenwart zu erfassen und zu schildern. Diese Aufgabe gilt Friedrich Spielhagen als die vornehmste; die Art, wie er sie aufgenommen und durchgeführt, beweist die Stärke seines Geistes und die Energie seines Talents. Spielhagen ist der Dichter des modernen Zeitbewußtseins geworden; der bewegende Gedanke unserer Tage, der Gedanke der Freiheit, ist der rothe Faden, der sich durch alle seine Romandichtungen zieht. Völkerkampf und individuelles Erlebniß, alte Helden und moderne Charaktere, Erzählung und

Entwickelung, Spannung und psychologische Vertiefung, alles, was Epos und Roman zu bieten haben, fügt er in dieses Gemälde des Jahrhunderts ein. Er hat den socialen Tendenzroman der Gegenwart nicht geschaffen, wohl aber zur Blüthe gebracht.

Diese Tendenz ist ihm aber keineswegs eine individuelle Laune, oder meinetwegen eine persönliche Weltanschauung, sondern sie ergiebt sich aus seiner Prüfung des Weltbilds als der wichtigste Impuls der Zeitströmung, welche ihm von allen als diejenige erscheint, die die andern überdauern, überwinden und zum guten Ende in sich aufnehmen wird. Hat aber die Tendenz als solche eine Berechtigung im Roman, sofern dieser ein Kunstwerk zu sein prätendirt? Gilt das bewußte Hinarbeiten auf äußere, selbstständige Zwecke als eine Offenbarung oder Lebensäußerung der wahren Kunst? Auf eine so gestellte Frage dürfte in einer Zeit der Gährung, des Uebergangs, der widerstreitenden Grundanschauungen vom Leben selbst nur schwer eine ästhetisch befriedigende Antwort zu finden sein. Ruhige, in sich abgeschlossene Zeiten mochten für ihr reines Kunstwerk der Tendenz wohl entbehren können; unserer schnelllebigen, rastlos vorwärtsdrängenden, heißbewegten Zeit erscheint sie wie das unentbehrliche Ingrediens einer schmackhaften Speise. Erwächst die Tendenz nur mit innerer Naturnothwendigkeit aus dem Weltbilde, das der Roman uns enthüllen soll, erscheint sie nicht in der That als ein Aeußerliches, willkürlich Hineingetragenes, tritt sie nicht als eine bewußte Absicht hervor, den Dingen eine bestimmte Färbung, den Bewegungen und

Zuständen der Zeit eine besondere Parteirichtung zu geben, so bleibt sie immerhin das Salz des Zeitromans. Ja, unser ästhetisches Gewissen hat sich unter Einwirkung der Zeitanschauungen erheblich erweitert: Wir dulden nicht bloß, wir verlangen jetzt schon, daß jeder rechtschaffene Zeitroman eine Tendenz in sich trage, etwa wie jeder honette Mensch ein Taschentuch. Nur müssen Tendenz und Taschentuch nicht vordringlich heraushängen.

Welches ist nun die Tendenz Spielhagens? Es ist der Gedanke der Freiheit, der Kampf für die politische und religiöse Befreiung, für die gesellschaftliche Emancipation aus den Banden ererbter Vorurtheile, den der Dichter auf seine Fahne geschrieben hat. Er selbst steht mit voller Kraft und Ueberzeugung auf Seite derjenigen, die den Fortschritt als solchen vertreten; sein Freimuth in der Beurtheilung von Zuständen und Handlungen, sein Freisinn in der Auffassung und Darstellung von Charakteren und Situationen bildet die lebendige Eigenart, das charakteristische Gepräge seines Weltbildes. Gleichwohl zeigt sich uns aber, auf welcher Seite wir auch stehen, dieses Weltbild fast nie als ein verschobenes; die demokratische Tendenz stört nur selten die künstlerische Empfindung und die lodernde Glut der Begeisterung dämpft nicht das epische Behagen des feingeistigen Dichters. Das ist aber eben die Kunst Spielhagens.

Eine neue Stoffwelt hat er damit kaum aufgedeckt. Schon vor ihm hatte Karl Gutzkow den socialen Tendenzroman „Die Ritter vom Geist" geschrieben, und Zeitromane erschienen nach „Wilhelm Meister" und Immermanns „Münchhausen", wohl in jeder literarischen Epoche. Neu war also nur bei Spielhagen die Behandlung dieser Stoffwelt, die gefällige Schilderung der gesellschaftlichen Verhältnisse, die glühende Begeisterung für den Zug der Freiheit, der durch jene Generation ging, die glänzende Darstellung, die Kühnheit der Erfindung und der feine Humor, der sich in verschiedenen Situationen glücklich ausprägt. Alle diese Eigenschaften im Verein mußten in einer Zeit, wie diejenige, in welcher Spielhagens erste Romane erschienen sind, einen großen Eindruck machen. Es soll aber damit keineswegs gesagt sein, daß sie in einer bewegtern oder auch selbst in einer ruhigern Zeit eines solchen Eindrucks verfehlt hätten!

III.

Die Generation, deren Jugend in das „tolle Jahr" fällt und die in den Jahren der Reaction zur männlichen Entfaltung gelangt ist, hatte keine Wahl, wenn sie sich einen Lieblingsdichter wählen wollte. Aber selbst vor diese Wahl gestellt, hätte sie kaum einen andern als Spielhagen erkoren. Er hatte den Muth das auszusprechen, was in dieser Generation wogte und stürmte, er löste ihr die Zunge und gab ihr zu sagen, was sie litt. In seinen Romanen erkannte sie sich wie in einem guten Spiegel; sie sah ihre Fehler und Verbrechen, ihre Laster und Thorheiten, ihre Schwächen und Mängel, darüber hinaus aber auch den guten Genius, der ihr in eine hellere Zukunft hineinleuchtete.

Aus dieser Quelle floß die Begeisterung für Spielhagen. Mit Fug und Recht hat ein Beurtheiler des Dichters gesagt, daß sowie für die „Problematischen Naturen" seit jenen Tagen nicht wieder für einen Roman geschwärmt worden ist. Hier war Nahrung für den Enthusiasmus einer in den Gluten der Sehnsucht und der Begeisterung sich verzehrenden Jugend, die in dem Helden dieses Romans ein Stück ihres eignen Selbst schnell herauserkannte und in jener thatenarmen Zeit die Resignation, die der Dichter ihr als den einzigen Ausweg aus dem Labyrinth des Lebens anpries, willig als ihr Erbtheil aufnahm und übte.

Aber Spielhagen ist dabei nicht stehen geblieben. Immer den alten Epiker und dessen Kunstwerk vor Augen, erweiterte er mit dem sich dehnenden Weltbilde auch den Kreis seiner dichterischen Aufgaben immer mehr. Sprach sich in den „Problematischen Naturen" die jungdeutsche Epoche der Verzweiflung, „die souveraine Ironie des überlegenen Bewußtseins", die blasirte Geistreichigkeit und schönselige Verlogenheit, zugleich aber auch der volle Ingrimm über die trostlose Lage, die Verzweiflung über den politischen Druck, der Kummer über das Schwinden aller Hoffnungen auf eine freie Entwickelung aus, so stellt sich uns „In Reih' und Glied" die zielbewußte, politische Partei vor, verbittert allerdings und kampfbereit, die aber vor keinem Gespenst mehr zurückschreckt, die keine Entscheidung fürchtet. Die Helden der „Problematischen Naturen" sind inzwischen auf den Barrikaden des Jahres 1848 gefallen und haben so ihre Schuld gesühnt. Es sind eben zwölf

Jahre ins Land gegangen und das Zeitbild hat ein anderes Aussehen. Nicht mehr das Individuum allein als solches kann mit titanischem Uebermuth den Kampf mit dem Drachen aufnehmen. In diesem Buch handelt es sich nicht mehr um theoretische Fragen, sondern um praktische Lösungen. An die Stelle der alten schwarzen ist nun ein neues rothes Gespenst getreten: der Socialismus. Die Arbeit soll gegen das Capital organisirt, der politische Kampf des Bürgers für die Freiheit im Vaterlande in den Hintergrund gedrängt werden vor der großen Suppenfrage der Menschheit. Da gilt es, in „Reih' und Glied" zu stehen im gemeinsamen Kampfe zu Schutz und Trutz.

In diesem Kampf stählt sich der Geist für die immer höher sich thürmenden Forderungen der Zeit, die ihre Erledigung stürmisch verlangen. Nur wer ein so feines Ohr hat für jede ihre Lebensäußerungen wie der Dichter, der kennt die Parole des nächsten Augenblicks; die andern stehen stumm vor diesem Räthselgewirr. „Hammer und Amboß" lautet diese Parole; der Dichter kennt sie genau, denn er ist ja auch ein Seher, dessen Auge in die Zukunft blickt. Aus dem beängstigenden Druck, aus der schwülen Atmosphäre, die die nahende furchtbare Entscheidung ahnen läßt, befreit das deutsche Volk der große Krieg um seine Existenz, um seine Ehre. Der Dichter ist „Allzeit voran". Denn er ist ein Patriot vom Wirbel bis zur Zehe, trotz seines Weltbürgerthums, ungeachtet seiner kosmopolitischen Tendenzen. Es gibt vielleicht keinen bessern Patrioten als ihn, dem das Herz jubelt in den Tagen der Völkerschlacht, da der

Traum der Jugend, der Traum eines einigen mächtigen Deutschlands, in herrliche Erfüllung geht.

Hat aber in den Tagen der Entscheidung sein Herz mächtig geschlagen für die Sache des Vaterlands, so ist er doch kein blinder Anbeter der Gewalt geworden, so kann er selbst in der Epoche von Blut und Eisen den begeisterten Kämpfer für die Freiheit nicht verleugnen. Er bleibt der Fahne treu, der er einmal zugeschworen, und nur die Einheit im Bunde mit der Freiheit gilt ihm als das Ideal der Zukunft. Ja, dieses Ideal ist ihm nun mehr gefährdet als vordem, denn der heilige Gedanke der deutschen Wiedergeburt erscheint dem Dichter getrübt durch das Treiben der Glücksritter und Streber, der dunklen Existenzen, die sich in den Bau des großen Vaterlandes rasch eingenistet haben. Da läßt der Dichter über dieses entartete Geschlecht eine furchtbare „Sturmflut" hereinbrechen, eine Sündflut, die erbarmungslos alle Dämme niederreißt, die menschlicher Fürwitz sich aufgerichtet hat. Und nun, da die Luft wieder gereinigt ist von den Miasmen, die sie zu verpesten drohten, da die Arbeit der besten Geister dem Aufbau des Vaterlands geweiht ist und die Aufgabe der Zeit energisches Zusammenfassen aller Kräfte erheischt, nun darf der Dichter wohl auch für eine Weile ausruhen. Er hat zum Kampfe aufgerufen in thatenarmer Zeit, er hat die Heere des Vaterlands begleitet in den männermordenden Krieg um Deutschlands Ehre, er hat gemahnt und gewarnt in einer schwülen Periode der Erschlaffung und der Corruption. Nun darf er sich wohl Ruhe gönnen und wieder einmal den Ritt ins alte romantische Land einer halbvergangenen Zeit wagen, aus der er in seinem Roman „Platt Land", dem rastlosen Stürmen unserer Tage ein durch seinen eigenartigen Contrast besonders wirksames Bild gegenüberstellt. Auch sonst ist er nicht unthätig. Gestattet nur die Zeit selbst dem Dichter Ruhe, so führt er uns immer neue und bunte Bilder aus der Gesellschaft vor, die in ihrer Tendenz wie in ihrer Haltung sich seinem großen Weltbilde als wirksame Staffage einfügen lassen.

Und sowie die Zeit ihn ruft, ist er wieder auf seinem Posten. Verwundert schaut er um sich: Abermals hat sich wie in einem Kaleidoskop das Zeitbild verschoben. Neue Fragen werden laut, neue Forderungen werden ungestüm aufgestellt; die sociale Frage, die man einst durch Kampf und Arbeit in Reih' und Glied zu lösen glaubte, steht abermals und drohender als je im Vordergrund, und besorgt fragt sich, wer in diese vielen sich durchkreuzenden Bestrebungen, Hoffnungen, Richtungen einen freien, von Vorurtheilen nicht getrübten Einblick hat: „Was will das werden?" Der Dichter aber steht auf einer höhern Warte als seine mitten im Getümmel der Schlacht ringenden Zeitgenossen; von dieser Warte aus verfolgt er alle diese Richtungen und Wirrungen und indem er sie in einem großen Bilde zusammenfaßt, erweist er sich von Neuem als jener epische Künstler, jener Nachfolger der alten Heldendichter, als welchen wir ihn schon am Eingang zu dieser Betrachtung erkannt haben, die sein dichterisches Schaffen im Zusammenhang mit den bewegenden Tendenzen der Zeit von 1830 bis auf unsere Tage als ein Epos des unerbittlichen Weltgesetzes erscheinen läßt.

So tritt uns das Bild von Spielhagen als dem Dichter des modernen Zeitbewußtseins im socialen Tendenzroman entgegen. Und wir werden nun in der Analyse seiner bedeutenden und für die Charakteristik des Dichters grundlegenden Schöpfungen die einzelnen Züge zu diesem Gesammtbilde aufzusuchen haben.

IV.

Der Versuch, in Spielhagens Schaffen einzelne Perioden zu unterscheiden, wäre ein müßiger. Er würde dem Dichter Gewalt anthun und wahrscheinlich auch Unrecht zufügen. Sein Streben geht im Grunde von einer Tendenz aus, seit er das epische Gesetz der Kunst im Zeitroman verkörpert hat. Hier hat sein Talent die gemäßeste Entfaltung gefunden. Gleichwohl kann man den Versuch nicht ganz abwehren. Es ist nicht anzunehmen, daß ein Dichter von so reichem Geistesleben ohne innere Entwickelung durch drei Jahrzehnte geht. Und die einzelnen Etappen dieser Entwickelung müssen doch an irgend einem Punkte zu einer Scheidung geführt haben. Aber es ist schwer anzugeben, wo dieser springende Punkt ist, selbst wenn man sich mit rein psychologischen Deutungen genügsam abfinden wollte.

Dennoch wird man wohl die Romanreihe von den „Problematischen Naturen" bis zu „Allzeit voran" als eine erste Periode ansehen dürfen, zu der die nun folgende Reihe aber nicht als ein Gegensatz, sondern vielmehr als eine Fortsetzung nach bestimmter Richtung und nach dem Gesetz innerer Entwickelung erscheint.

Die „Problematischen Naturen" sind im Jahr 1860 erschienen. Aber sie schildern die Zustände vor 1848. Das ist wichtig zu bemerken, um so mehr als ein Kritiker die Behauptung aufgestellt hat, daß die Gestalten dieses Romans eigentlich nicht Figuren von 1847, sondern von 1852—1859, also aus der Zeit, in der der Roman entstanden, darstellten. Wenigstens wären sie nur für diese Zeit typisch. Besäße diese Kritik irgend eine Berechtigung, so hätte der Dichter allerdings einen schweren historischen Irrthum begangen und sich einen geradezu unbegreiflichen psychologischen Widerspruch zu Schulden kommen lassen. Es wird sich aber aus einer, wenn auch kurzen Analyse des Inhalts und der Charaktere alsbald das Irrthümliche dieser Kritik herausstellen, die mehr durch kecke Schlager zu imponiren als durch die Wahrheit zu überzeugen suchte.

Das Motto des Romans hat Spielhagen bei Goethe gefunden: „Es giebt problematische Naturen, die keiner Lage gewachsen sind, in der sie sich befinden, und denen keine genug thut. Daraus entsteht der ungeheure Widerstreit, der das Leben ohne Grund aufzehrt." Der Schilderung eines Geschlechts solcher problematischen Naturen ist nun sein Roman gewidmet. Und da muß man denn doch gleich von vorn herein zugestehen, daß uns Allen dieses Motto sicher auf keine Zeit besser zu passen scheint als auf jene jungdeutsche Periode von 1830—1847, die in Heine ihren Dichter und in Gutzkow ihren Romanschriftsteller feierte, jene Epoche der Zerrissenheit und Frivolität, des unbestimmten

Sehnens und unbewußten Wollens, des Weltschmerzes und der Fleischesemancipation.

Als solche problematische Naturen erscheinen in dem Roman zunächst der Held, Oswald Stein, und seine Freunde, Baron Oldenburg und Professor Berger. Sie selbst ahnen oder wissen, daß sie keine normalen Menschen sind. So quält sie ihr Lebensräthsel fast ebenso wie den Dichter, wie seine Generation, ja wie seine Leser.

„Was nennen Sie problematische Naturen?" fragt Oswald Stein einmal seinen geistreichen Freund, Baron Oldenburg. Und dieser antwortet:

„Es ist ein Goethescher Ausdruck und kommt in einer Stelle vor, die mir viel zu denken gegeben hat. ... Es ist ein grausiges Wort, denn es spricht in olympischer Ruhe das Todesurtheil über eine besonders in unseren Tagen weitverbreitete Gattung."

Ist aber dieses Todesurtheil berechtigt? Wenn der Dichter seine problematischen Naturen wahr und treu nach der Wirklichkeit geschildert hat, sicherlich. Hören wir nur einzelne Fragmente ihrer Weltanschauung und betrachten wir ihre Charakterzüge in entscheidenden Lebensmomenten, so wird uns das Urtheil unzweifelhaft als gerecht erscheinen, das Spielhagen über sie ausspricht, indem er sie faustuli posthumi nennt.

Baron Oldenburg ist ein passionirter Raucher, Oswald Stein nicht. Darüber wundert sich Ersterer: „Ich kann nicht begreifen, wie es ein Mensch im neunzehnten Jahrhundert aushalten kann, ohne Tabak oder Opium zu rauchen, Haschisch zu kauen oder sonst auf irgend eine Weise das katzenjämmerliche Gefühl seiner elenden Existenz in etwas abzuschwächen. Und gerade von Ihnen begreife ich es am wenigsten, weil, wenn mich nicht Alles täuscht, Sie vor Sehnsucht nach der blauen Blume tödtlich erkrankt sind, und in dieser unbefriedigten Sehnsucht auch eines schönen Tages sterben werden. Wer einmal den Duft der blauen Blume eingesogen, für den kommt keine ruhige Stunde mehr in diesem Leben. Als wäre er ein verruchter Mörder, so treibt es ihn weiter und immer weiter, wie sehr ihn auch seine wunden Füße schmerzen. Erquickung trinkt er sich nie."

„Es hat mir immer viel zu denken gegeben, daß der Mensch sich selbst, seine Existenz erst mehr oder weniger vergessen muß, bevor er in den Zustand kommt, den wir in Ermangelung eines andern Wortes mit glücklich bezeichnen. The best of life is but intoxication! Schlaf ist besser als Wachen, sagt die Weisheit der Inder, das Beste von allem aber ist der Tod."

„Und doch tödten sich im Verhältniß so wenig Menschen!" wendet Oswald ein.

„Ja, das ist merkwürdig genug!" sagt der Baron phlegmatisch.

„Sollte es ein Beweis dafür sein, daß es mit dem vielgeklagten Unglück dieser Leute so arg nicht sein kann?"

„Vielleicht, vielleicht beweist es aber auch nur, wie schwer es dem Menschen wird, die letzte Hoffnung fahren zu lassen."

In solchen Gesprächen bewegt sich die Unterhaltung zwischen den Beiden. Es ist klar, daß eine solche Weltanschauung zum Pessimismus, zur Weltverachtung, ja sogar zum Wahnsinn führen muß. Professor Berger ist das Opfer dieser Lehre von der Verneinung des Willens zum Leben. Die Scene, in der der Irre seine Theorie den Zuhörern vorführt, hat der Dichter drastisch geschildert: „Wissen Sie, meine Herren, was der Jüngling von Saïs erblickte, als er den Schleier hob, der das große Geheimniß barg? Das große Geheimniß, welches der Schlüssel sein sollte zu den verworrenen Räthseln des Lebens? Sehen Sie, meine Herrn, hier nehme ich meinen Kopf auseinander, die eine Hälfte in diese, die andere in jene Hand. Was erblicken Sie in dem Kopf des berühmten Professors Berger, zu dessen Füßen Sie sitzen, seinen weisen Worten zu lauschen und mit abscheulich kritzelnden Federn in Ihre langweiligen Hefte zu schreiben? Was erblicken Sie? Genau dasselbe, was der Jüngling zu Saïs erblickte, als er den Schleier von der Wahrheit hob. Nichts! absolut gar nichts! Nichts für sich, nichts an sich, an und für sich nichts! Und daß dieses hohle, öde Nichts des Pudels Kern sei, sehen Sie, das hat den Jüngling zu Saïs toll gemacht, das hat auch mich verrückt gemacht, und wird auch Sie um den Verstand bringen, wenn Sie irgend welchen aus Ihren Spatzenköpfen zu verlieren haben. Und nun, meine Herren, damit das abscheuliche Kritzeln endlich einmal aufhört, machen Sie Ihre dummen Hefte zu und stimmen Sie mit mir in das erhebende Lied ein: „O, da sitzt 'ne Flieg' an der Wand!"

Man muß gestehen, daß in diesem Wahnsinn nicht nur philosophische Methode, sondern auch tragischer Humor liegt. Die Lehre, die der Professor seinem gelehrigen Schüler Oswald Stein mit auf den Lebensweg giebt, lautet den Grundsätzen jener Zeit gemäß: Spernere mundum, spernere se ipsum, sperneri sperni! Gewiß, ein solches Lebensmotto konnte eben nur jene jungdeutsche Periode haben, die in vielen Dingen der Zeitepoche ähnlich ist, in welcher dieses Wort zum ersten Mal ausgesprochen worden.

Ja, wenn man Stein, Oldenburg oder Berger sprechen hört, so meint man wohl Theodor Mundt oder Heinrich Laube, in seiner ersten Periode natürlich, zu vernehmen, wo nicht gar Friedrich Schlegel und die Adepten seiner „Lucinde" selbst.

Die berufene blaue Blume spielt überhaupt in diesem Roman eine große Rolle, wohl nur um uns anzudeuten, daß wir uns in die Zeit der Romantik oder vielmehr in die des Auflösungsprozesses derselben zurückzuversetzen haben. „Die souveraine Ironie des überlegenen Bewußtseins" klingt wie ein Schlagwort aus Solgers Aesthetik, die Definition der blauen Blume, „deren Duft die Welt erfüllt, die keines Sterblichen Auge jemals erblickte und welche doch diejenigen nimmer ruhen läßt, die je ihre selige Nähe verspürten", wie ein Citat aus Novalis, und die übermüthige Erklärung der dichterischen Natur („Stein sei ein Dichter und denen vertrete jede Person immer nur das Ideal und sie werfen sie fort, sobald sie einen Fleck in ihr bemerken"), wäre auch in Gutzkows „Wally" an ihrem richtigen Platze gewesen.

Wie die Reden sind auch die Thaten dieser problematischen Naturen; es trägt alles das Gepräge der Blasirtheit und Zerrissenheit, der Ohnmacht und Ueberhebung zugleich. In krankhaften Träumen vergeht ihnen das Leben wie ein leeres, inhaltloses Spiel. Oswald Stein, ein moderner Lovelace, beginnt seine Laufbahn als Hauslehrer in einer altadligen Familie auf Rügen. Er ist ein echt jungdeutscher Held; wo er auftritt, fliegen ihm alle Herzen zu und alle Frauen werfen sich ihm in die Arme. Die verschiedenartigsten Frauencharaktere, Melitta von Berkow, Emilie von Breesen, die kleine Marguerite, Helene von Grenwitz, der Blaustrumpf Primula, werden mit ihm in Verbindung gebracht; er besiegt ihre Herzen und ihren Stolz und zwingt auch die pommerschen Landjunker ihn, den bürgerlichen Demokraten, als gleichberechtigtes Mitglied ihrer Gesellschaft anzuerkennen. Im Uebrigen aber ist er trotz aller Pistolenduelle, Liebesabenteuer, Pfänderspiele und Ballfeste ein „Großritter vom Geiste" mit tiefem Weltschmerz. In jedem entscheidenden Moment befällt ihn immer urplötzlich „das Weh aller auf das Ideale gerichteten Geister" und der faustische Gedanke, „daß im Grunde doch nichts auf Erden reinlich ist". So sieht er sich als Märtyrer und Opfer einer verhängnißvollen Uebergangsperiode, einer krankhaften Zeitströmung an. Auch da er den Versuch macht, in das praktische Leben einzutreten (in der Fortsetzung des Romans „Durch Nacht zum Licht") scheitert er. Der junge Salonlöwe vermag sich als Gymnasial-Unterlehrer nicht zu erproben; es fehlt ihm eben alle

Charakterkraft. Er liebt alle Frauen und wird allen untreu; er philosophirt fortwährend über das Höchste und thut immer das Dümmste. Wie ein schwankes Rohr giebt er sich allen Einflüssen hin, die auf ihn einstürmen. So bleibt denn in der That für ihn kein anderer Ausweg übrig, als derjenige, welchen der Dichter für ihn ausgewählt hat: nämlich am 18. März 1848 auf den Berliner Barrikaden im Kampfe für die Freiheit sich todtschießen zu lassen. Den Epilog zu seinem Leben spricht der Dichter selbst, der hier freilich einigermaßen über seine rein epische Stellung hinausgeht: „Den Lebenden ist das schwerere Loos gefallen. Sie sollen schaffen und wirken in dem heißen Staube der Alltäglichkeit, rastlos, ruhelos, denn nimmer schläft die Tyrannei. Sie sollen arbeiten und wachen, daß die Nacht nicht wieder hereinbreche, in welcher es dem Braven unheimlich und nur dem Schlechten heimlich war, die Nacht, durch deren dunklen Schatten soviel romantische Larven und phantastische Gespenster huschten, die Nacht, die so arm war an gesunden Menschen und so reich an problematischen Naturen — die lange, schmachvolle Nacht, aus welcher nur der Donnersturm der Revolution durch blutige Morgenröthe hinüberführt zur Freiheit und zum Lichte."

Nun kann man sich wohl auch einen andern Weg zur Freiheit und zum Lichte als den „durch blutige Morgenröthe" denken und es erscheint im Sinne einer höhern Weltordnung wahrscheinlich besser, wenn diese Ziele auf dem Wege natürlicher Entwickelung erreicht werden; man kann also vom Standpunkt der Geschichtsphilosophie oder auch der Parteikritik mit dem Dichter über seine Tendenz streiten, aber man muß ihm doch zugeben, daß diese skeptischen und pessimistischen Naturen, denen keine Lage genügt und die wiederum keiner Lage des Lebens entsprechen, in dem Tod für ihr Freiheitsideal allerdings die Sühne ihrer Schuld und ihres Lebens finden mußten. Und wie auch der Einzelne über dieses Ende denken mag, wir Alle sind mit dem Ausspruch einverstanden, in dem der Dichter die Idee seines Werkes zusammenfaßt: „Das Leben in geschäftigem Müßiggang verdämmern ist der schwerste Vorwurf für den Mann in unserer Zeit, wo es so viel zu thun giebt. Nicht sublimen Empfindungen nachjagen, sondern menschlich allem Menschlichen ergeben sein und dabei doch die himmlische Abkunft nicht vergessen, und bis an den Tod unverdrossen mit den reißenden Wölfen der Tyrannei und der Lüge kämpfen... Das ist das wahre Loos des Menschensohnes."

Auch Baron Oldenburg, der zwar immer weiß, was er will, ist aus demselben Holz geschnitten. Er sieht die Dinge und Personen aus der Perspektive eines weltverachtenden Humors und mit einem scharfen Blick für alle Schwächen und Gebrechen seiner Mitmenschen; so kommt er nur selten zum Genuß reiner Liebe, die ohne Duldung nicht gedacht werden kann. Im Uebrigen liebt er es, alle Leute zum Besten zu haben, obwohl er eine ehrliche, brave und im Grunde genommen sentimentale Natur ist. Die Art, wie er seine Jugend selbst schildert, ist auch charakteristisch für den Mann: „Ich stand damals noch in den Jahren, wo jeder Mensch, er müßte denn zufällig ein geborner Stockfisch sein, ein lebendiges Stück Romantik ist. Ich schwärmte für Eichendorffs mondscheindurchleuchtete Zaubernächte, für Brunnen- und Wälderrauschen; meine ganze Weltanschauung war in einem hohen Grad romantisch, vor allem aber meine Moral. Das ganze Leben hatte für mich nicht mehr Bedeutung als ein Schattenspiel an der Wand und das einzig Reelle, was ich gelten ließ, war die souveräne Ironie. Ich hatte das Studiren herzlich satt, ich hatte in tausend Büchern vergeblich nach der Lösung des Räthsels gesucht, über der sich schon so viele bessere Köpfe den Kopf zerbrochen haben und wollte es nun einmal auf andre Weise anfangen. Ich ging auf Reisen. Wir führten ein sehr idyllisches Leben, dessen Hauptingredienzien Würfel, Wein und Weiber waren."

In diesem Leben hat Oldenburg eine Schuld gegen ein Zigeunermädchen auf sich geladen, die den ehrlichen Mann fortwährend bedrückt. „Ich bin abergläubisch genug um anzunehmen, daß ich durch diese That schnöden Verraths einen Fluch auf mich geladen habe, den keine Reue wieder sühnt, einen Fluch, dessen Erfüllung mein ganzes, so verfehltes Leben ist. Von da ab ist es mein Schicksal gewesen, Liebe zu säen und Gleichgiltigkeit zu ernten, bis ich zuletzt aus Verzweiflung in den stinkenden Pfuhl der Blasirtheit gesprungen bin, um mich vor mir selbst zu retten."

Auch Oldenburg geht auf die Barrikaden, wie er in seiner ironischen Weise sagt, um der „Mode des Tages" zu huldigen. In Wahrheit aber, weil er der qualvollen Unthätigkeit seines Lebens ein Ende machen will. Es ist ein feiner Zug des Dichters, daß er Oldenburg am Leben läßt. Und es ist auch nur die unerbittliche Consequenz seiner Weltanschauung, daß Oldenburg schließlich noch Melitta heirathet. Nach dieser Weltanschauung soll die Frau nicht das Opfer eines Sittengesetzes werden, über das sich der Mann so oft und so leicht hinwegsetzt. So gewinnt er sein inneres Gleichgewicht wieder und wird sich wahrscheinlich an den großen Aufgaben der Zeit fortan eifrig betheiligen.

Wer wird es nun noch leugnen, daß wir es hier in der That mit jungdeutschen, vormärzlichen Charakteren und Verhältnissen zu thun haben, die Spielhagen als ein genauer Kenner gezeichnet hat. Ja es gewinnt sogar hie und da den Anschein, als ob der Dichter mit seinen Sympathien selbst im Lager dieser problematischen Naturen stände; aber dieser Anschein trügt. Und es wäre z. B. ein verhängnißvoller Irrthum, wenn man die „Problematischen Naturen" mit den „Rittern vom Geist" in Parallele stellen wollte; denn in dem Roman Gutzkows sind diese problematischen Naturen die Helden, in dem Spielhagens die Opfer ihrer unseligen Zeitperiode. Die Liebe, die der Dichter ihnen entgegenbringt, ist die Liebe des Künstlers zu seinen Geschöpfen. Sein Herz und seine Phantasie ist bei ihren Leiden und Verirrungen, sein Geist aber steht im Lager einer andern gesunden Weltanschauung, der das ruhelose Schaffen und Wirken, Arbeiten und Wachen in dem heißen Staube der Alltäglichkeit als das Lebensziel jedes denkenden modernen Menschen gilt, damit „die auf sittliche Freiheit gestellte Kulturaufgabe der Zeit sich vollende".

Das ist die Lebensanschauung des Dichters. Es versteht sich von selbst, daß er in seinem Roman seinen problematischen Naturen ein wohlthuendes Gegengewicht in einigen echt modernen und intelligenten Menschen giebt. Dr. Braun und Magister Bemperlein sind die Vertreter seiner Lebensanschauung; sie huldigen beide „dem guten erlösenden Geiste unserer Zeit, dem Geiste entschlossener Hingabe an die thatsächliche Pflicht und an die befreiende wissenschaftliche Arbeit", und gehen so beide unversehrt durch die Klippen einer verhängnißvollen Zeitströmung.

In der Mitte zwischen diesen beiden Extremen steht die merkwürdige Adelsgesellschaft des Romans. Diese Gesellschaft hat der Dichter mit Meisterhand gezeichnet. Und es ist charakteristisch, daß die Kritiker von dieser ihnen eigentlich bisher völlig fremden Welt so verblüfft wurden, daß die einen Spielhagen den schärfsten Adelshaß, die andern dagegen aristokratische Neigungen vorwarfen. Die Wahrheit liegt wie überall auch hier in der Mitte. Weder einen besondern Haß, noch eine besondere Vorliebe hat der Dichter für den Adel. Seine Abneigung gegen diese privilegirte Kaste rührt nur daher, weil ihr die Eigenschaften fehlen, die nach seinen Begriffen zum wirklichen Adel gehören. Und wer wollte es leugnen, daß Menschen wie Felix von Grenwitz, Arthur von Zehren, Henri von Tuchheim in diesen Kreisen wirklich vorkommen. Aber wer fände es nicht auch begreiflich, daß der Dichter diese bisher unentdeckte Stoffwelt mit besonderer Vorliebe schildert. Hat er doch seine Jugendjahre selbst in diesen Kreisen verlebt und den tiefen Gegensatz zwischen bürgerlicher Arbeit und mühelosem Kavaliersgenuß tief empfunden. Die Erkenntniß dieses Gegensatzes ist das Grundmotiv seiner Beurtheilung des Adels. Es soll jedoch nicht in Abrede gestellt werden, daß diese Erkenntniß und seine freie Gesinnung den Dichter sowohl in diesem wie in den nächsten Romanen manchmal zu bitteren und einseitigen Urtheilen über diese Adelsgesellschaft führt. Auf der andern Seite stehen freilich den verkommenen Landjunkern wahrhaft edle Naturen wie Melitta und Oldenburg gegenüber, während gerade der bürgerliche Mittelstand eine Reihe von verwerflichen Charakteren wie Timm und Urban als Staffage liefert, die das Gleichgewicht herstellen können.

Ist der Nachweis gelungen, daß die Helden des Romans getreu im Costüm der Zeit gezeichnet sind und daß die Begebenheiten ganz das Gepräge der jungdeutschen Periode an sich tragen, so bleibt nur noch die Beurtheilung des Romans im Großen und Ganzen übrig. Schon dieses erste größere Werk zeigt die epische Auffassung des Dichters, auf die ihn sein Talent hinweist, das sich nur in der Breite behaglich entwickeln kann. Dabei kommt ihm seine glänzende Combinationskraft vortrefflich zu Statten. Auch diese ein Vorzug, der bis dahin der deutschen Romanliteratur gefehlt hat. Stellten sich früher handlungsreiche Romane, wie der vielgenannte Gutzkow'sche, weniger als ein einheitliches

Ganzes, denn als eine Reihe ineinander geschachtelter Romane, als eine Schraube ohne Ende dar, so erscheint das Werk Spielhagens nach dieser Richtung hin als ein wohl abgerundetes Kunstprodukt. Mit Vorliebe hatte der deutsche Roman bisher die Schilderung der Charaktere betrieben; die behagliche Freude an dem Ersinnen und Durchführen eines einheitlichen und großangelegten Erzählungsplans blieb ihm fremd. Schien es ja den Deutschen seit ältester Zeit nicht leicht geworden zu sein, den Zusammenhang einer Geschichte gut zu erfinden und gut zu berichten. Die Virtuosität zu erzählen, wurde bei uns stets als eine Kunst fremder Völker gepriesen. Der Werth und die Schönheit unserer erzählenden Poesie lag in der That nur selten im Context der Fabel, sondern in der psychologischen Vertiefung der Charaktere, deren Helden sich sehr oft erst ihre Geschichte suchen mußten. Mit Recht hält Spielhagen den Begriff, welchen wir uns von der Erfindung machen, für das Entscheidende in der Auffassung und Werthschätzung künstlerischer Thätigkeit. Der Ausschnitt des Weltbildes, den er zu schildern unternimmt, steht ihm immer klar vor Augen; er beherrscht das lokale Terrain, die Geschichte seiner Haupthelden in ihrem vollen Verlauf und hält die Fäden ihres Schicksals stramm in seinen Händen. Ein Blick in seine Dichterwerkstatt ist nicht ohne Interesse.

Wie entsteht ein Roman?

Der Dichter hat ein Modell gefunden, welches mit dem inneren Bilde, das er von irgend einem Helden in seinem Herzen trägt, eine zwingende Aehnlichkeit hat.

An diese Aehnlichkeit knüpft nun seine schaffende Phantasie an. Es spinnen sich Fäden zwischen dem Bilde und dem Modell an, die immer dichter und fester zusammenschließen. Selbst die Differenz zwischen dem wirklichen Helden und dem Modell, die dem abwägenden Verstande zuerst klar wird, stört die Arbeit nicht. Aber diese Conception der Idee und der erste große Entwurf des Plans mit dem Helden sind dem Dichter doch, wie ein jedes Glück, gleichsam aus den Wolken, aus dem Schoß der Götter, zugefallen. Jetzt erst beginnt seine ernste Arbeit, die Geschichte des Helden, seine Abenteuer und Schicksale in Zusammenhang mit dem Weltbilde zu bringen. Dabei verfährt Spielhagen folgendermaßen: Er setzt sich eine genaue Liste aller derjenigen Personen auf, die er in dieser Geschichte bis jetzt kennt und die überhaupt im Roman auftreten werden. „Und zwar enthält diese Liste nicht bloß die Namen der Personen und etwaigen Titel, sondern auch ein ausführliches Signalement in dem biedern Stil der Pässe und Steckbriefe, in welchen eben alles: Das Alter, die Größe, die Natur, die Farbe der Haare und Augen, der Teint und — die besondern Kennzeichen sorgfältig notirt werden. Man erinnert sich: Ich mache in meinen Romanen von dieser meiner Wissenschaft selten oder nie direkten Gebrauch, weil ich mich aus langer Erfahrung überzeugt habe, daß ich keinem Leser einreden werde, meine Heldin sei braun, wenn er sich darauf capricirt hat, sie blond zu sehen oder umgekehrt. Aber diese geheime Polizeikontrolle ist mir in diesem Stadium noch nöthig. Später freilich, wo mir alle diese Gestalten vertrauter sind, als manche Menschen der Wirklichkeit, mit denen ich Jahre lang gelebt, muß ich oft selbst über die pedantische Genauigkeit lächeln, mit welcher ich in den ersten Stadien unserer Bekanntschaft ihnen auf Stirn und Augen gespäht habe."

Mit dieser genauen Liste und mit einer ebenso sorgsamen, oder meinetwegen pedantisch gezeichneten Karte des Lokalterrains, geht nun Spielhagen an die Composition seines frei erfundenen Romans, der die Mannigfaltigkeit aller geistigen Strömungen in den Charakteren und die unerschöpfliche Fülle des realen Lebens in deren Handlungen darlegen soll. Wie sehr der Dichter bei dem Schicksal seiner Lieblingsgestalten auch mit seinem Herzen betheiligt ist, er steht doch beständig über dem Ganzen und hält die Fäden der Handlung in fester Hand.

Vier Stadien durchläuft die Conception seines Plans: Die erste ist die Findung oder Erfindung der Idee des Ganzen mit dem Helden, die zweite der genaue Aufriß des Plans, die dritte die specielle Durcharbeitung dieses Grund= und Aufrisses, „gleichsam eine sorgfältig auf dem Papier mit Lineal und Zirkel ausgeführte Zeichnung der Haupt= und Seitenfaçaden mit Eintragung der bestimmten Maße und sauberer Durchführung aller anzubringenden Ornamente." Endlich das vierte Stadium, der wirkliche Bau des Romans in seinen fesselnden Situationen, durch den Knotenpunkt seiner Entwickelung bis zu seinem harmonischen oder tragischen Abschluß.

Alles Uebrige ist Sache der poetischen Kraft, des

künstlerischen Vermögens und des menschlichen Fleißes. Diese letztere Bedingung erfüllt Spielhagen, nebenher gesagt, mit einem seltenen Ernst, und wie auch immer der einzelne zu seinen Werken stehen mag: vor seinem Fleiß in der Arbeit muß jeder unbedingten Respekt haben. Es ist das „ein Fleiß, dem nichts zu groß, aber auch nichts zu klein ist, der wieder und wieder feilt und schabt und dem die Rückseite der Friesfiguren, die nie jemand zu sehen bekommen wird, nicht minder wichtig ist als die Vorderseite, die jeder sieht. Ein Fleiß, der durch nichts zu beugen ist, und, wenn sich ihm eine Schwierigkeit in den Weg stellt, erst recht zusammenrafft und mit dem Objekt, das sich ihm nicht beugen will, ringt und zu ihm spricht: Ich lasse dich nicht, du segnest mich denn!"

Den dichterischen Vorgang selbst hüllt natürlich ein Schleier ein, den nie Jemand gehoben hat und den wohl auch niemals Jemand zu heben versuchen wird.

V.

Die nächsten Romane Friedrich Spielhagens haben eine scharf politische Tendenz. Der Roman „Die von Hohenstein" (1865), in der Konfliktszeit 1863 geschrieben, spielt zwischen 1848 und 1849 und schließt mit dem Maiaufstande. Auch hier steht noch immer eine problematische Natur, der Journalist Bernhard Münzer, im Vordergrunde des Interesses; auch hier ist die politische Tendenz noch eine stark demokratische und der Haß gegen den Adel sogar ein verstärkter. In Bernhard Münzer steckt viel von Oswald Stein; die Haupt-

lung hat etwas Sensationelles, das Ganze ist nur ein Uebergang zu einer neuen Epoche, die sich inzwischen vorbereitet hat und die Spielhagen in dem Roman: „In Reih und Glied" (1866) schildert. Hier tritt uns die auf sittliche Freiheit gestellte Kulturaufgabe der Zeit zum ersten Male im Rahmen eines Romans entgegen. Nicht mehr gilt die titanische Ueberhebung eines Einzelnen über die Gesammtheit, auch wenn sich derselbe noch so überlegen fühlen sollte, sondern die Persönlichkeit muß sich in das große Ganze einfügen und, wenn es sein soll, seinen eigenen hochfliegenden Plänen entsagen. Der Held des Romans, Leo Gutmann, verstößt gegen dieses Gesetz und geht an dieser Schuld zu Grunde. Den Gegensatz zu ihm bilden Walter und Henri, der eine ein liebenswürdiger, aufgeklärter, humaner Mensch, der andere einer aus jener Species von Junkern, in deren Schilderung Spielhagen sich nie genug thun konnte. Leo Gutmann findet den Weg mit der Gesammtheit vielleicht zu langsam, vielleicht auch nicht lohnend genug. Er will seine eigene Individualität in den Vordergrund stellen. Der maßvoll fortschreitende Liberalismus ist ihm zuwider. Selbst die radikale Demokratie scheint ihm zu nichts zu führen. So nimmt er denn den Kampf mit der Bourgeoisie auf und wirft sich dem Socialismus in die Arme. Diesen Kampf der beiden großen socialen Prinzipien, die unsere Zeit bewegen, der Staatshilfe und der Selbsthilfe, schildert nun Spielhagen in seinem Roman. Natürlich spielen auch viele andere Motive mit hinein, die in einem mehr oder minder starken Kausalnexus zu dem Hauptmotiv stehen. Natürlich erleidet das Prinzip der Staatshilfe einen schmählichen Bankrott.

Ich sage: natürlich. Denn das Modell, welches Spielhagen zu der Figur seines Haupthelden gesessen hat, war doch wohl kein anderer wie Ferdinand Lassalle, dessen tragisches Lebensschicksal und trauriges Ende ja bekannt ist. Nothwendigerweise hat der Dichter dadurch, daß er einen Ausschnitt der Zeitgeschichte, die wir unmittelbar miterlebt haben, zu schildern versucht, mancherlei Vorwürfe sich zugezogen. Hier hat man eine zu große Portraitähnlichkeit, dort wiederum Fehler in einzelnen Bildern aufzufinden gemeint. Man hätte die Geschichte noch goutirt, wenn sie „in einem fabelhaften Hinterindien" spielte. Aber in der preußischen Confliktszeit wollte man eine solche romanhafte Handlung nicht glauben und nicht dulden. Freilich von einem höhern ästhetischen Standpunkte aus kann eine solche Beschränkung in dem Gebiete des Romans nicht gutgeheißen werden. Soll der Roman wirklich das ganze Leben und das Jahrhundert darin anschauen lassen, wie Schiller an seinen Freund Körner schreibt, dann darf kein Abschnitt dieses Lebens und kein Ausschnitt dieser Zeit dem Dichter verschlossen bleiben. Man kann die Konsequenzen dieses Satzes nicht straff genug ziehen. Der Dichter ist Herr seines Stoffes und hat mit demselben zu schalten und zu walten, wie es ihm beliebt. An uns ist es, zu sagen: Die Geschichte gefällt mir nicht; oder: Was geht mich all dies an; oder auch: Dieser und jener Charakter scheint mir verzeichnet. Und man weiß, daß deutsche Leser nur in zu aus-

giebiger Weise von diesem kritischen Recht Gebrauch
zu machen pflegen. Auf der andern Seite liegt frei=
lich für den modernen Dichter die Versuchung zu nahe,
daß er sein Objekt nicht ruhig genug betrachten und
erfassen kann, und in der leidenschaftlichen Erregtheit
seiner dichterischen Phantasie nach der einen oder nach
der andern Richtung verstößt. Er schafft dann Gestalten,
die zu dichterisch sind, um historisch, und zu historisch,
um dichterisch zu sein.

Von Leo Gutmann nun kann man dies nicht durch=
weg behaupten. In vielen Zügen ist er dem Bilde
treu, in denjenigen, wo er ihm unähnlich ist, wird man
wohl mit Recht eine Absicht des Dichters erkennen
dürfen, die in irgend einer Beziehung zu seinem Total=
bilde steht. Denn nur um dieses handelt es sich; mag
immer in den Nebenzügen nicht alles zu einander
stimmen, wenn nur der richtige Eindruck des Voll=
bildes gewahrt bleibt. Dieser Eindruck ist aber durch
den Charakter des Helden und des Königs, sowie durch
die Entwicklung der Handlung gewahrt. Leo Gutmann
geht in dem vergeblichen Kampf, den er mit titanischem
Hochmuth unternommen, unter. Sein Gegenbild, der
bescheidene Schriftsteller und Lehrer Walter, wird viel=
leicht durch Fleiß und Arbeit das hohe Ziel, das er
sich gesteckt, die Principien der Selbsthülfe im Volke zu
verbreiten, erreichen, denn „der Einzelne ist nichts als
ein Soldat in Reih' und Glied. Als Einzelner ist er
nichts, als Glied des Ganzen unwiderstehlich". Und
auch hier giebt der Dichter in einer Schlußparabase
die innerste Idee seines Werks: „Nicht tragen sollt ihr

einander, sondern stützen und schützen, wie die Bäume im Wald, wie Soldaten in Reih' und Glied. Denn wenn jeder gewissenhaft sich selbst zu helfen versucht, wird er auch den anderen helfen können, wo es noththut."

Der Roman „In Reih' und Glied" ist von vielen für die bedeutendste Schöpfung Spielhagens erklärt worden. In der That verdient die Gruppirung der Scenen, die Entwickelung der Handlung, die Anlage der Hauptcharaktere dieses Lob. Besonders anziehend und poetisch ist der erste Theil, die Schilderung des Knabenlebens. Derartige Schilderungen gelingen Spielhagen meist vortrefflich. (Ich erinnere an die entsprechenden Scenen in: „Hammer und Amboß" und: „Was will das werden?") Er giebt in solchen Schilderungen unverkennbar auch etwas Autobiographisches, und so ist es denn die Farbe der Wahrheit, die einen tiefen Eindruck hervorbringt. Die Komposition dagegen ist nicht so straff, wie in dem ersten Roman. Es ließen sich manche Bedenken gegen dieselbe anführen.

Ungleich bedeutender in der Ausführung ist der dritte, größere Roman Spielhagens: „Hammer und Amboß" (1869). Die Aufgabe, welche der hochmüthige Leo Gutmann zu lösen unternommen hatte und unter der er gescheitert ist, diese Aufgabe wird von dem Helden des neuen Romans als ein Problem behandelt, das er vielleicht der Lösung entgegenführen kann. Georg Hartwig ist ein Primaner, der sich in der Schule ein Vergehen hat zu Schulden kommen lassen, wegen dessen er von seinem Vater verstoßen wird. Auf seinen aben-

teuerlichen Lebenspfaden gelangt er als Schmuggler
ins Zuchthaus, wird dort durch einen humanen Direktor
für das Leben erzogen, gewinnt die Liebe seiner Tochter,
tritt dann ins praktische Leben als Arbeiter in eine
Maschinenfabrik ein und gelangt so zu dauerndem Glück
und angesehener Stellung. Die Tendenz des Romans
ist klar: „Wohin wir in unserer Zeit sehen, überall die
unschönen Reste einer Vergangenheit, die wir längst
überwunden glauben. Unser Herrscherthum, unsere
Adelsinstitution, unsere religiösen Verhältnisse, unsere
Beamtenwirthschaft, unsere Heereseinrichtungen, unsere
Arbeiterzustände; überall das kaum verdeckte, grund=
barbarische Verhältniß zwischen Herr und Sklaven, der
dominirenden und der unterdrückten Kaste; überall die
bange Wahl, ob wir Hammer sein wollen oder Amboß.
Was man uns lehrt, was wir erfahren, was wir um
uns sehen: alles scheint zu beweisen, daß es kein drittes
giebt. Und doch ist eine tiefere Verkennung des wahren
Verhältnisses nicht denkbar, und doch giebt es nicht
nur ein drittes, sondern es giebt dieses dritte einzig
und allein, oder vielmehr, dieses scheinbare dritte ist
das wirklich einzige, das Urverhältniß, würdig der
Natur, wie dem Menschendasein, das ja auch nur ein
Stück Natur ist. Nicht Hammer oder Amboß,
Hammer und Amboß muß es heißen; denn jed=
wedes Ding, jeder Mensch in jedem Augen=
blicke ist beides zu gleicher Zeit." Durch diese
Erklärung fordert der Dichter also selbst zu einer Be=
trachtung heraus, wie sich die Begebenheiten dieses
Romans mit dem Grundgedanken desselben decken, und

ob die Idee in durchsichtiger Weise in das Ganze hineingearbeitet ist. Seine Theilnahme gilt natürlich in erster Linie den socialen Kämpfen der Zeit. Georg Hartwig verkörpert in der That das Problem der Arbeit nach allen Richtungen hin. Er lernt arbeiten und die Arbeit lieben und schwingt sich durch allerlei Schicksals- und Herzensirrungen zu einer angesehenen Stellung auf. Er wird schließlich auch seine Arbeiter zur Erkenntniß bringen, „daß es eine nichtswürdige Barbarei ist, welche die Menschen als Amboß oder als Hammer betrachtet und behandelt", und sie lehren, in der Gemeinsamkeit der Interessen und in der Arbeit das wahre Grundgesetz des Lebens zu erkennen.

Wenn man die Kraft eines Dichters vorzugsweise nach der Energie, mit welcher er die einzelnen Momente seines Stoffes sich dienstbar macht, und sodann nach seiner Auffassung des Lebens, welche überall als der Hintergrund seiner Gestalten und Bilder durchleuchten soll, beurtheilt, so muß man gestehen, daß der künstlerische Charakter Spielhagens, wie er sich in diesen drei Romanen präsentirt, ein bedeutender ist. Mit ethischer Kraft nimmt er Theil an allen Bewegungen der Zeit, an ihren Verirrungen und Errungenschaften, an ihren Siegen und Niederlagen. Mit idealer Empfindung hält er die Fahne des Freisinns und des Fortschritts hoch empor über allen Wirren. Nichtsdestoweniger steht er doch mit voller innerer Freiheit seinen Geschöpfen gegenüber, und er bewahrt nunmehr seine künstlerische Ruhe auch schon den Ideen und Charakteren gegenüber, die er selbst für verwerflich hält. Die leidenschaftliche Wärme, die er für das Gute, Freie und Humane empfindet, hindert ihn nicht, edle Motive und gute Handlungen auch bei denjenigen Charakteren anzuerkennen und zu schildern, die ihm unsympathisch sind und die sich seiner Weltanschauung mit aller Kraft entgegenstemmen. Seine dichterische Weltanschauung hat Wärme und Farbe, Licht und Leben; seine poetische Gestaltungskraft schafft aus dem Vollen und fesselt auch da, wo sie irre geht. Ein frischer, kräftiger, liebenswürdiger Zug geht durch seine Darstellung, die Sprache ist klar und rein, die Herrschaft über das gesammte Sprachgebiet ist eine vollständige, und man fühlt es in jedem Augenblick, daß dieser Dichter genau zu sagen weiß, was er will, gleichviel, ob es sich um eine zarte Liebesgeschichte oder um das gewaltige Aufeinanderplatzen der Geister, um eine poetische Strandscene oder den verwirrend bunten Wechsel des modernen Lebens handelt. Die Darstellung ist immer lebhaft bewegt, flüssig, klar, meist auch korrekt und immer von dem Odem lebendiger poetischer Empfindung durchhaucht.

VI.

Etwas in der Erzählungsweise und Darstellungsart Spielhagens, ein bestimmter Zug seines Geistes, ist für die Richtung, von der er ausgegangen und die er mit starker Consequenz festgehalten hat, so überaus charakteristisch, daß es eine besonders eingehende Behandlung verdient, nämlich sein Humor. Fast in jedem seiner Romane hat er einige humoristisch ausgeführte Scenen, mehrere humoristisch angelegte Charaktere, die einen wohlthuenden Contrast bieten zu der erschütternden Tragik hier, zu der idyllischen Ruhe dort. Der Prozeß seines Humors geht von der tragischen Weltanschauung aus und er ist ein Kind der Liebe. Man könnte sein Wesen leicht durch ästhetische Kategorien feststellen. Aber es führt uns sicherer zum Ziel, wenn wir ihn mit den Worten erklären, die Spielhagen selbst über den Humor eines Genossen in Apoll (Fritz Reuter) gesagt hat, „daß er die kleine Welt, die er schildert, von Herzen liebt und sein Blick doch weit über diese kleine Welt hinaus= schweift in die große, um von dieser mit den höchsten Anschauungen gesättigt, zu jener kleinen zurückzukehren, ohne auf dieser weiten Reise eine Spur von seiner Liebe eingebüßt zu haben, im Gegentheil, um nun das Kleine erst recht mit innigster Liebe zu umfangen und durch diese große Liebe gewissermaßen selbst zu einem Großen zu machen. Kommt her zu mir alle, ruft er, kommt her zu mir alle, die ihr mit Wunderlichkeiten und Beschränktheiten, physischen, moralischen, intellec= tuellen, ästhetischen Unzulänglichkeiten aller Art beladen seid! Kommt, ich will euch erquicken, will euch erlösen von aller Gebundenheit, daß ihr frei schweben könnt in dem Aether der Liebe, der aus meinem vollen Herzen über euch und über die ganze Welt strömt! Ihr Armen, Einfältigen, Friedfertigen, ihr sollt erst recht meine Kinder, meine Brüder sein. Ich will euch vor dem scharfen Winde des Weltspottes, der euch so unbarm= herzig zerzaust, der die Blößen, die ihr euch gebt, so mitleidlos aufdeckt, in den warmen Mantel meiner Liebe hüllen! Und so, indem ich euch frei mache, will ich auch den Leser frei machen, will ihn befreien von seiner Einseitigkeit, seiner Härte, seiner Lieblosigkeit, seinem Hochmuth; will ihm zeigen, daß das Kleine nicht kleinlich und das Gewöhnliche ihm nicht gemein zu sein braucht; ich will seine verwöhnte Hand mit sanfter Gewalt auf den groben Kittel des Bauers legen, damit er fühle, daß unter diesem Kittel dasselbe Menschenherz schlägt, wie unter dem Cambric-Linnen des Dandy, und er nun, wenn er das gefühlt, das erkannt, den Blick demüthig senke und spreche: Wir sind allzumal Sünder und ermangeln des Ruhmes! oder lieber, tausend Mal lieber das Auge freudig erhebe und rufe: Wir sind allzumal Gottes Kinder!"

Diese befreiende und hebende Kraft strömt auch aus dem Humor Spielhagens. Gleichviel, ob er häusliche Misère, unglückliche Liebespaare, gestörte Ballfeste oder komische Unterhaltungen behandelt: der Sonnenblick des Humors fehlt in keinem seiner Werke. Er verklärt und versöhnt die Welt, wie sie ist und wie sie sich uns mit ihren Gebrechen und Mängeln darstellt, in heiterer Duldsamkeit auch den Widersprüchen und Unebenheiten des Lebens ihre Berechtigung zugestehend.

Eine der ergötzlichsten Scenen ist nach dieser Richtung hin die Unterhaltung zwischen dem Baron Oldenburg und dem Baron Cloten in den „Problematischen Naturen", in welchem der Dichter den pommerschen Land-Adel glücklich persiflirt hat. Man muß diese Scene im Zusammenhang lesen, um ihren vollen Humor zu fassen. Es ist Oldenburg, der geistreiche und doch gutmüthige Spötter, der die Unterhaltung eröffnet:

„So hören Sie denn, — aber machen Sie keinen ungeeigneten Gebrauch von der Sache, Cloten —"

„Gott bewahre -- parole d'honneur!"

„So hören Sie denn, daß dieselbe Frage, deren richtige Beantwortung Sie mit dem sichern Takte des Genius sofort fanden, mich Jahre lang beschäftigt hat. Auch ich sagte mir: Der Unterschied zwischen Adeligen und Bürgerlichen ist kein Unterschied des Namens, des Standes — es ist ein Unterschied des Blutes, des Gemüthes, der Seele — eutin der ganzen Natur. Wie können nun zwei so verschiedene Wesen von demselben Menschenpaare abstammen? Der Geist verwirrt sich in diesem schauderhaften Widerspruche."

„Gott, Baron, endlich sprechen Sie doch einmal wie —"

„Wie ein Baron. Hören Sie weiter. Die Frage beschäftigte mich so unausgesetzt, daß ich endlich beschloß, sie zu lösen, koste es, was es wolle. Ihr habt alle über mein einsames Leben, über mein Studiren und so weiter gespottet. Wissen Sie, Cloten, was ich studirte, während ihr euch auf der Jagd oder beim Pharao amüsirtet?"

„Nein, — auf Ehre —"

„Aramäisch, Chaldäisch, Syrisch, Mesopotamisch, Hindostanisch, Zangobramaputraisch, Sanskrit —"

„Herr Gott des Himmels! Das ist ja schauderhaft! Wozu?"

„Weil ich die feste Ueberzeugung hatte, daß sich in den Klöstern Armeniens, in den Katakomben Aegyptens, oder sonst irgendwo im Orient eine alte Handschrift, welche die Sache aufklärte, entdecken lassen müsse. Als ich alle jene Sprachen und Dialekte so fertig wie Deutsch und Französisch sprach, trat ich vor drei Jahren meine letzte große Reise nach dem Orient an. Im Vorübergehen durchstöberte ich die Bibliotheken Italiens. In Rom traf ich Barnewitzens. Dies Zusammentreffen war mir im Grunde sehr unangenehm. Aus Höflichkeit mußte ich sie bis Sicilien begleiten. In Palermo aber machte ich, daß ich davon kam." —

„Ich reiste also von Sicilien nach Aegypten hinauf bis Abu Simbul, zurück nach Kairo, von da nach Palästina,

Persien, Indien; — durchsuchte jeden Tempel, jede Ruine, jede Felsenspalte, — ich fand nicht, was ich suchte. Endlich — als ich schon an dem Erfolge verzweifelte, als ich schon auf der Rückreise war, da — in der Bibliothek des Klosters auf dem Vorgebirge Athos —"

„Wo ist das, Baron?"

„Zwischen dem Indus und dem Oregon, — dort in der Klosterbibliothek entdeckte ich endlich das lang gesuchte Manuscript. Da stand denn die ganze Geschichte."

„Was stand da?"

„Da stand im reinsten Hochbramaputraisch, daß — ich übersetze das nun alles in unsre modernen Begriffe und Ausdrücke —"

„Ja, machen Sie's ums Himmels willen so, daß ich es verstehe."

„Daß gleich von vorn herein zwei Menschenpaare geschaffen wurden, wie es ja auch gar nicht anders sein kann, ein adeliges und ein bürgerliches. Der Name dieses ersten adeligen Geschlechtes ist aus dem Manuscripte nicht ersichtlich. Gerade an der Einen Stelle, wo er ausgeschrieben gestanden hat, ist ein großer Klex. So viel ist sicher, Oldenburg hat es nicht geheißen; es war noch ganz deutlich ein C zu erkennen, und in der Mitte ein t."

„Vielleicht Cloten," sagte der Andere.

„Es ist möglich, aber beschwören kann ich es nicht. Auch was für eine Geborene seine Gemahlin gewesen ist, die schlechtweg Fräulein genannt wird, ist nicht ersichtlich."

„Aber ich denke, sie ist aus der Rippe des Mannes gemacht und gar nicht geboren."

„Ah, lassen Sie sich doch kein dummes Zeug einreden, Cloten. Sie wird ausdrücklich Fräulein genannt, dann muß sie doch auch ein Fräulein von so und so gewesen sein."

„Das ist ja aber eine verflucht verwickelte Geschichte."

„Gar nicht so sehr, wie Sie glauben. Genug, der Herr und das Fräulein, das bald genug zur gnädigen Frau wurde, hatten ein Landgut, welches Paradies hieß; warum soll ein Landgut nicht Paradies heißen, Cloten?"

„Verdammt schnurriger Name indessen!"

„Warum? Nennt doch der Eine sein Gut Solitüde, der Andere Sanssouci, der Dritte Bellevue, warum soll nicht einmal Einer das seine Paradies genannt haben? Eh bien! Der Bediente des Herrn hieß Adam. Vortrefflicher Name für einen Bedienten. Als er steif und lahm wurde, schimpften sie ihn den alten Adam. — Haben Sie je von einem Abligen gehört, der Adam geheißen hätte, Cloten?"

„Im Leben nicht."

„Sehen Sie, da haben Sie wieder den schönsten Beweis. Er rief also seinen Kerl Adam, und die Zofe seiner Gemahlin Eva, Evchen — allerliebster Kammerzofenname das. Meine Mutter hatte ein Kammermädchen „Evchen", ein bildhübsches Ding. Der Adam war aber ein großer Schlingel, wie die Bedienten das bekanntlich bis auf den heutigen Tag sind. Das Ding, die Eva, war auch nicht viel besser. Zuletzt trieben es die Beiden zu arg. Schließlich ergriff der Herr denn einmal die Hetzpeitsche und jagte die Beiden vom Hofe. In das Gesindebuch schrieb er: Entlassen wegen Unehrlichkeit, Putzsucht und Arbeitsscheu. Das ist so in großen Umrissen der eigentliche Verlauf der Geschichte."

„Wirklich merkwürdig, — ganz famos, auf Ehre! Haben Sie das Buch mitgebracht, Baron?"

„Nein, aber eine vom dortigen Landrath beglaubigte Abschrift."

„Giebt's denn dort auch Landräthe?"

„Aber, lieber Freund, wie kann denn ein Land ohne Landräthe bestehen?"

„Natürlich; aber es wäre doch besser, wenn wir das Buch selbst hätten."

„Vielleicht macht es sich. Die Mönche sind entsetzlich obstinat; ich hatte schon vor, sie alle mit Blausäure zu vergiften. Wahrscheinlich thue ich das auch noch, wenn ich wieder in die Gegend komme. Bis dahin müssen wir uns mit der Copie begnügen."

„Hören Sie, Baron, können Sie mir nicht auch so eine

Copie geben? ich meine natürlich in deutscher Uebersetzung, nicht in Bramaputraisch oder wie der verdammte Jargon heißt."

„Hm, aber versprechen Sie mir, es Niemand zu zeigen."

„Verlassen Sie sich darauf."

„Höchstens Einem oder dem Andern aus unserm Cirkel."

„Das also darf ich?"

„Meinetwegen, aber nennen Sie meinen Namen nicht. Sagen Sie, es wäre eine bloße Hypothese von Ihnen." —

„Eine was?"

„Eine bloße Vermuthung, die noch der Bestätigung bedürfe, wenn wir denn hernach das Original in die Hände bekommen, so ist das Ihr Triumph und der Triumph der guten Sache zu gleicher Zeit." —

Der Triumph der guten Sache! Der ist ja auch schließlich der Endzweck alles Humors wie unseres Dichters Sinn und Tendenz. In einer Zeit allgemeiner Miß=stimmung wie die Confliktsperiode, in der die ersten größeren Romane erschienen, mußte ein solcher Humor befreiend wirken. Aber auch später wirkte er noch mit der Macht einer sittlichen Ueberzeugung und gewährte zahl=reichen Menschen frohe Stunden, gehobene Stimmungen. Der Humor Spielhagens vereinigt Idealismus und Realismus und verknüpft sie zu einem höhern dritten, zu einer wahrhaft ethischen Weltanschauung.

VII.

Die zweite Periode in dem Schaffen Friedrich Spiel=hagens, wenn überhaupt von einer solchen gesprochen werden kann, beginnt mit dem Jahre 1870. Es ist wirklich zu beobachten, daß die großen weltgeschichtlichen Ereignisse einen bedeutsamen Einschnitt in seiner geistigen

Arbeit machen. Wie auch anders! Konnte denn ein so warmherziger deutscher Patriot, ein so eminent politischer Charakter sich den Einwirkungen entziehen, die das Jahr 1870 auf jeden Deutschen ausgeübt? Und wenn er es gekonnt hätte, wollte er es denn, durfte er es denn wollen? Er hatte ja redlich mitgearbeitet an dem Aufbau des Vaterlands, und seine Bausteine waren wahrhaftig nicht die geringsten. Wie rührend seine Klage über das Elend und den Verfall, so laut und hell ist nun sein Jubel über die Größe und den Sieg. Der Roman „Allzeit voran" (1871) ist ein werthvolles Dokument dieser Wandlung und der durch sie gewonnenen Lebenserfahrung, wie gering auch sein künstlerischer Werth neben den früheren und späteren Dichtungen Spielhagens anzuschlagen ist. Zwar die Erfindung ist auch hier bedeutend und der Grundgedanke mit Geschick durchgeführt. Auch tritt das Bestreben, den gegnerischen Tendenzen gerecht zu werden, wieder erkennbar hervor. Spielhagen hat nun auch seine komischen Landjunker, die auf dem Schlachtfeld mit Ehren gekämpft, besser würdigen gelernt. Aber der Charakter des Helden oder vielmehr der Heldin vermag nicht die Sympathien zu erwecken, die der Dichter augenscheinlich für sie hegt. Diese Hedwig ist eigentlich auch nur eine problematische Natur, ein weibliches Complement zu Oswald Stein, der 1870 ohne Frage ja ebenfalls ein begeisterter Anhänger des Fürsten Bismarck geworden wäre. Auch die Art, wie sich dieser Charakter entwickelt, wird uns nicht ganz verständlich im Verlauf des Romans. Es ist nicht recht begreiflich, warum sie eigentlich vor dem Grafen Henri flieht, und da wir die thatsächliche Veranlassung erfahren, erscheint sie uns weder plausibel noch wichtig genug.

Aber Hedwig ist nach einer andern Seite hin für uns doch von hohem Interesse. Sie führt uns nämlich auf das Ideal der Frauen in den Romanen Spielhagens. Der Dichter ist ein feiner Kenner des weiblichen Herzens. Die Gallerie seiner Frauen ist groß und man hat eine reichliche Auswahl. Melitta in den „Problematischen Naturen", Sarah Gutmann und Sylvia in „Reih' und Glied", Constanze und Paula in „Hammer und Amboß", Mißring in „Sturmflut", Röschen und Grete in den gleichnamigen Novellen, Maggie in „Platt Land" und viele andere sind ein sprechender Beweis für seine Kenntniß des Frauenherzens und für die Sorgfalt, mit der er seine weiblichen Charaktere ausstattet, ehe er sie in den Kampf des Lebens entsendet. Gleichwohl muß man sagen, daß die Männerfiguren Spielhagens ungleich besser gelingen. Es liegt dies wohl hauptsächlich daran, daß er vorwiegend sociale Probleme behandelt, die Kämpfe des Bewußtseins mit dem Willen, für die die Frauen nicht geschaffen sind und in denen sie sich auch noch selten bewährt haben. Dies geht so weit, daß die Frauengestalten, die Spielhagen mit Vorliebe schildert, nicht immer so voll und plastisch herauskommen wie diejenigen, die er so zu sagen nur im Profil gezeichnet: derbe, lustige Philinen oder auch graciöse und anmuthige Mignons und liebenswürdige, kluge Frauen vor Allem.

Ein Frauentypus ist bei ihm wesentlich neu und eine werthvolle Bereicherung des deutschen Charakter=Repertoirs: die geistreiche, elegante Salonschlange. In der Schilderung solcher Charaktere hat Spielhagen eine wahre Virtuosität; er steht an Geschick, diese Art von Frauen zu zeichnen, den Franzosen, die ja in der Schilderung des Weibes an sich die Meister sind, nicht nach. Ein eigenthümlicher Reiz weht um diese Gestalten; sie sprühen von Geist, sie sind leidenschaftlich und doch vornehm, ladylike, sinnlich, welterfahren, aber nicht ohne weibliche Grazie, ohne liebenswürdige Haltung, sie sind Engel und Teufel zugleich oder je nach Bedürfniß, und wehe dem unerfahrenen Jüngling, der in ihre Kreise kommt, den sie mit ihrer Liebe beglücken oder mit ihrem Haß verfolgen; sie sind die Frauen der Initiative.

Das Verhältniß Spielhagens zu seinen weiblichen Charakteren erhält aber seine volle Beleuchtung erst durch die Schilderungen der Liebe in seinen Werken. Auch selbst da, wo eine kräftige und starke Sinnlichkeit vorwaltet, ist natürlich jede Frivolität weit gebannt. Rein und keusch ist das Ideal der Liebe, wie es Spielhagen vorschwebt, wie er es in Charakteren und Situationen ausgestaltet, damit es „die tiefsten Metamorphosen" hervorbringe. Einzelne Liebesscenen seiner Romane athmen einen poetischen Duft aus, an dem man sich jedesmal von Neuem erquicken mag. Die Ehe ist ihm ein freies Bündniß zweier Menschen, in aufrichtiger Liebe geschlossen und durch nichts Anderes bestimmt, als durch die eigene Entschließung. Gerade weil dem Dichter die Ehe die Grundlage der Sitten ist, möchte er aus ihr alle Unwahrheit verbannen, und darum geißelt er gelegentlich mit scharfer Satire die falsche Moral, die vergangene Zeiten in dieses Institut der

Ehe, von engen sittlichen und kirchlichen Anschauungen ausgehend, gelegt haben. So sieht er in der Ehe ein natürliches Ding und nicht bloß Gottes Gnade, wie Martin Luther, sondern Anfang und Gipfel aller Cultur wie Goethe. Im Preis der Liebe und im Lob der Frauenhuld aber ist er unerschöpflich. Die Begleitworte, die er zu den Bildern Wilhelm v. Kaulbachs, die Goethes Frauengestalten darstellen, geschrieben hat, sind nach dieser Richtung hin ein voll ausklingender Hymnus auf Frauenleben und Liebe. Wer diese Gallerie aufmerksam durchstudirt, wird darin viele Züge finden, die für unsere Dichter vorbildlich gewesen sein mögen. Es wird ihm dann auch klar werden, daß Spielhagen in der Wahl wie in der Ausführung seiner Frauencharaktere wesentlich unter dem Einfluß Goethes steht. Aber es würde eine eigene Untersuchung erfordern, dies an den einzelnen Frauengestalten seiner Romane nachzuweisen; eine solche Untersuchung würde allerdings für den besondern wie für den allgemeinen Zweck gewiß werthvolle Resultate ergeben. Sie würde sich natürlich auf die Selbstbekenntnisse Spielhagens in erster Reihe zu stützen haben, der diesen mächtigen Einfluß Goethes auf sein gesammtes Schaffen in verschiedenen theoretischen Untersuchungen über den Roman oft betont hat.

In erster Reihe hat sicher die treue Wirklichkeit, mit der Goethe die Natur und die Menschen geschildert, auf ihn eingewirkt. Er hat von Goethe gelernt, wie man die Natur zum Hintergrunde eines Seelengemäldes benutzen, oder vielmehr wie man in ihrem unendlich mannigfaltigen Leben wie in einem reinen Spiegel das unendlich mannigfaltige Gemüthsleben der Menschen schauen kann. So sind Natur und Geist, Gedanke und Bild auch bei ihm miteinander innig verwoben und doch schon auf den ersten Blick als zwei selbstständige Momente erkennbar. Er verfällt fast nie in den Fehler anderer moderner Dichter, das Naturobjekt als solches in den Vordergrund zu stellen; Bild und Empfindung stehen in intimer Wechselwirkung und gehen ineinander meist ohne Rest auf. Er schildert die Natur wie sie ist und macht sie zum Spiegel des Menschengemüths.

Ich habe bereits gesagt, daß Spielhagen uns zuerst die Ostsee gezeigt hat. Und zwar nicht bloß ihre hoch= aufrauschenden Wogen, sondern auch ihre öden Strand= dünen, im Sturm wie im Sonnenschein. Man sieht alles, was er schildert, und erlebt, den Sturm, wie jedes andere Naturereigniß mit ihm. Aber alle diese Natur= scenerien greifen in die Handlung ein und treten als bestimmende Motive in der Entwickelung derselben auf. Das kann nur ein Dichter, dessen Naturgefühl stark entwickelt und in die richtige Bahn gelenkt ist; dem die Allegorie nicht als Selbstzweck, sondern nur als ein Mittel dient, um die Handlung wirksam zu erläutern. Die Natur ist bei ihm ein Widerschein des menschlichen Gemüths in dieser oder jener Situation, die ohne die begleitenden Naturzustände uns weniger verständlich sein möchte oder nicht scharf genug hervortreten würde. Nie= mand soll sich für reicher ausgeben als er ist, sagt Lessing, und nur so hat Spielhagen durch die Begrenzung auf ein oder zwei enge Gebiete seine Virtuosität in der

Landschaftsmalerei erreicht. Die beiden Sturmscenen in „Hammer und Ambos" wie in der „Sturmflut" sind in diesem Sinne Meisterstücke. Aber auch in der kleinsten Schilderung tritt der feine Natursinn des Dichters plastisch hervor, wie etwa in den folgenden:

„Zwischen den Dünen hindurch schaute das offene Meer herein. Das war mir immer ein lieber Anblick gewesen, wenn die Sonne hell herabschien auf den weißen Sand und die weißen Möven sich lustig über den blauen Wassern schwangen. Aber heute sah der Sand grau aus und grau der Himmel und grau das Meer, das in schweren Wogen dahergerollt kam. Ja selbst die Möven, die kreischend über die Brandung flatterten, sahen grau aus."

— „Ich öffnete ein Fenster. Der Wind, der vom Westen kam, wälzte sprühende graue Dunstmassen durch die gewaltigen Bäume, die ihre Wipfel wie in wahnsinnigem Schmerz hinüber und herüber bogen; und über die weite Wiese, an deren langen wogenden Gräsern ich mich so oft entzückt hatte, und die heute wie ein fauler Sumpf aussah. Eine Schaar Krähen spazierte darauf herum und schwang sich krächzend in die stürmische Luft, von der sie dann hin und her geschleudert wurden. In dem Augenblick schlug der Wind den einen Flügel der Jalousie so heftig zu, daß die morschen Sparren mir um den Kopf flogen."

Oder ein anderes Bild, wie auf Regen Sonnenschein folgt:

„Die Regenstürme der letzten Zeit hatten die Luft durchsichtig klar gemacht, daß die fernste Ferne wie die nächste Nähe erschien. Dazu strömte ein machtvolles und doch unendlich mildes Sonnenlicht von dem wolkenlosen Himmel und drang in die tiefsten Tiefen des Waldes, von dessen Riesenbäumen die gelben Blätter still herabschwebten zu den andern, die hie und da schon den Boden bedeckten. Kein Laut in der sonnigen Wildniß, als dann und wann aus dem Gebüsch das melancholische Zirpen einer Goldammer oder das heisere weitschallende Krächzen einer Krähe, welcher das Gewehr, das der junge Mann da unten trug, verdächtig sein mochte, oder der durch die Entfernung abgedämpfte Schrei von Kranichen, die, unbekümmert um das irdische Treiben, ihren stolzen Flug gen Süden trugen."

Die Liebe für das tiefblaue leuchtende Element, für das Rauschen der Wogen am Felsengestade, für den Schrei der Möven, die über der Brandung flattern, für den herben Duft des Salzschaums, den uns der feuchte Athem der See ins Antlitz haucht und für die Sturmfluten, ist in dem Dichter seit seinen Kindheitstagen eingewurzelt; er überträgt sie auch auf seine Helden, die, wie weit ab auch immer ihre Empfindung vorher von der heiligen Ordnung der Natur entfernt sein mochte, stets in eine ruhige oder gehobene Stimmung gelangen, sobald ihnen die Natur in einem reinen und klaren Bilde gleichsam besänftigend gegenübertritt. Im Uebrigen ist die Natur als solche auch Spielhagen wie seinem Meister das einzige Buch, das auf allen Blättern großen Inhalt bietet.

In keiner seiner Schöpfungen ist aber die Parallele zwischen den elementaren Naturgewalten und den Stürmen des Zeitlebens so consequent durchgeführt, wie in seinem Roman „Sturmflut" (1877), der in dem Zeitgemälde, welches Spielhagen auszuführen unternommen, eine bedeutsame Stelle einnimmt. Er schildert die Periode der Gründerjahre und spielt zum Theil an der Ostsee, zum Theil in Berlin, das der Dichter nun seit fast zwanzig Jahren genau kennt und wo er eine zweite Heimath, die eigentliche seines Berufs gefunden hat.

Denn ein Dichter, der es sich zur Aufgabe gemacht, das Leben seiner Zeit nach all seinen Ausstrahlungen zu schildern, muß mitten in diesem Getriebe leben und zwar da, wo alle Fäden, die das moderne Leben umspannen, zusammenlaufen. Aber er muß dann doch über diesem Getriebe stehen. Wie oft auch die Versuchung an Spielhagen herangetreten ist, er hat sich nie verlocken lassen, eine andere Rolle in diesem Getriebe zu übernehmen, als die des Dichters. Bei einem auf das Politische so stark angelegten Charakter ist diese weise Enthaltsamkeit hoch anzuschlagen. Sie hat sich dadurch belohnt, daß der Dichter die Unbefangenheit, nach der er so lang gerungen, weil er sie nicht immer besessen, jetzt in der zweiten Periode seines künstlerischen Schaffens sich voll und ganz zu eigen gemacht hat. Mit diesem werthvollen Pfunde weiß er nun wie ein sorgsamer Hausvater zu wuchern. Die gleichmäßige Vertheilung von Licht und Schatten in diesem Roman ist ein beredtes Zeugniß hiefür.

Mit scharfem Blick ist der Dichter den Zeitereignissen nachgegangen. Mit Jubel hat er das Jahr 1870 begrüßt und die Aufrichtung des einigen Deutschlands hat auch den schönsten Teil seiner Jugendträume erfüllt. Aber mit banger Sorge sieht er in einer Reihe sich häufender Erscheinungen und Symptome die großen Errungenschaften und Ideale gefährdet. Das Gold der Milliarden hat auch diesmal keinen Segen gebracht. Es hat eine fieberhafte Thätigkeit auf den Gebieten der Industrie und des Handels entfesselt; eine wütende Spekulationslust erfaßte alle Kreise, ein Haschen und

Jagen nach Geld durchzitterte die ganze Gesellschaft, eine große Schaar zweifelhafter Gestalten, Gründer und Abenteurer, tanzte auf den Wogen des erregten Zeitmeers und drohte den Geist der Nation durch ihren Einfluß zu vergiften oder doch mindestens zu schädigen. Die Katastrophe, die auf ein solches Treiben nothwendig folgen mußte und nur zu rasch auch wirklich erfolgte, war wie eine Befreiung, wie eine Erlösung aus den Banden der Herrschaft des Mammons. Alle diese Vorgänge kommen in dem Roman Spielhagens zu wirksamer Ausgestaltung in einer weiten, bunten, aber glücklich gruppirten und straff zusammengefaßten Handlung.

Es war ein glücklicher Gedanke mit dieser Katastrophe die große Sturmflut in Verbindung zu bringen, welche im November 1872 die Küsten der Ostsee heimsuchte und auch das Besitzthum einiger Hauptpersonen des Romans, welche in jener Gründerperiode eine angesehene Rolle spielten, zu vernichten drohte. Die Gegensätze sind scharf herausgearbeitet zwischen dem Leben und Treiben der Berliner Gesellschaft, der Welt des Schwindels und den Stürmen der Natur, der unheimlich grollenden See und den wettergebräunten Matrosen. Trotz des Massenaufgebots von Handlung und Charakteren geht aber doch durch den ganzen Roman eine episch einheitliche Stimmung, die in den Katastrophen gipfelt: Auf der einen Seite das Ballfest bei Philipp Schmidt, auf der andern die wütende Küstenflut. Die Windsbraut des Verhängnisses rast über beide dahin.

So erscheint das Werk als ein künstlerischer Organismus mit reicher Handlung, geschickter Gruppirung der Charaktere und lebhafter Darstellung. Alle Vorzüge des Dichters treten in diesem Roman hervor, manche wie die große Erfindungskraft und die lebhafte dichterische Phantasie hie und da vielleicht etwas zu stark, niemals aber so stark, daß sie den künstlerischen Gesammteindruck zu stören im Stande wären.

Nachdem Spielhagen so den großen Entwicklungskreis der lebenden Generation von der Julirevolution bis zur Gründerperiode durchmessen hat, wendet er sich hierauf in den Tagen der Ruhe, die nach den großen Stürmen eingetreten ist, dem Leben der frühern Generation zu, dem Ringen, Streben und Kämpfen der dreißiger Jahre, das ja die Grundlage des modernen Lebens bildet und aus dem viele Erscheinungen desselben zu erklären sind. In seinem Roman "Platt Land" (1879) treffen wir ihn wieder am Strand der Ostsee.

Wie der Riese der griechischen Mythe, so schöpft er aus jeder Berührung mit seiner Muttererde neues Leben, neue Kraft. Und so oft er von dieser Muttererde aus auch den Flug in ferne Lande unternommen, er kehrt doch wieder heim zu den Dünen der See und auf die Gehöfte der Gutsbesitzer jenes schönen, aber vielverkannten Landes, das er in der Fülle seiner Eigenthümlichkeiten so genau kennt und das den Hintergrund bildet, auf dem er seine Dichtung aufbaut, die ein Idyll und ein Drama zugleich und hintereinander ist.

Denn nicht bloß ein Roman spielt sich im "Platt

Land" ab, sondern ein gut Stück der Culturgeschichte Pommerns in der neuen Zeit; ein Werk von historischer Bedeutung ist es, durch dessen Blätter wir schon jene "Sturmflut" rauschen hören, die der Dichter in so umfassender Weise bereits geschildert hat. Und wenn durch Spielhagens gesammte Produktion sich der leitende Gedanke wie ein rother Faden hinzieht, das moderne Leben in all seinen Ausstrahlungen darzustellen, so könnte man "Platt Land" als den Schlüssel zu dieser Produktion, als den dichterischen Commentar zu Spielhagens Schaffen auffassen. Wenn wir "Platt Land" gelesen, dann wissen wir genau, daß jener Groll zwischen "Hammer und Amboß" bald zum offenen Kampfe kommen und in der "Sturmflut" wird enden müssen, die mit erschütternder Gewalt hereingebrochen und die wir alle miterlebt haben. Und auch die "Problematischen Naturen" kehren in verschiedenen Richtungen in "Platt Land" wieder, die Menschen, welche zu leiden haben unter jenem "ungeheuren Widerstreit, der das Leben ohne Genuß verzehrt". Von diesem Widerstreit weiß der Autor von "Platt Land" genau und viel zu erzählen, weil er eben dieses moderne Leben kennt und seine Schöpfungen an der Sonne ebendesselben realen Lebens reifen läßt.

Darum muthen uns auch seine meisten Gestalten so bekannt und seine Schilderungen so eigenthümlich heimisch an. Es ist, wenn wir "Platt Land" zu Ende gelesen, ordentlich, als ob "Vadder Deep" mit dem langen, blauen, fadenscheinigen Ueberrock, mit dem dicken, verschwommenen, mehligen Gesicht und dem unbestimmten, unaufhörlichen Lächeln vor uns stände und uns mit jener frechen Vertraulichkeit anspräche, die er am Ziele seiner Wünsche gegen alle herauskehrt. Und auch die Baronin von Basselitz in ihrer Stattlichkeit und der Fülle ihrer kolossalen Weiblichkeit steht vor unserem Auge, dicht neben dem allerdings etwas weniger umfangreichen Herrn Anton Stube, dessen Angst vor dem dritten Examen wie vor Salchen wir gleich begreiflich finden Und ebenso der Herr von Kantzow, Herr Zempin und sein Freund, der Held von „Platt Land", dem unsere Sympathieen vom ersten Augenblick an in Freud und Leid gehören bis zum glücklichen Ziele: Georg von Bacha! Von jener leichtsinnigen Frau Julie, von der leichtherzigen Maggie oder aber auch von der anmuthigen Edith gar nicht zu reden. Vielleicht in keinem Roman erscheint eine solche Fülle von gut geschilderten Charakteren und Scenerien wie in diesem. Wir leben das große Fest im Walde mit seinem theatralischen Schlußeffekt ebenso mit, wie den Brand des Schlosses, wie all das Ungemach, das über unsern Helden hereinbricht, ohne daß er unterläge, und wir jubeln mit ihm, wenn durch das Gewölk des pommerschen Himmels nach den langen bangen Regentagen die Sonne seines jungen Glückes siegreich hervorbricht.

Zum Verständniß dieser Dichtung als Kunstwerk muß man aber noch etwas fügen, was gerade diesen Roman als einen „Zwillingsbruder des Epos" charakterisirt. Es ist dies der Umstand, daß Georg von Bacha, der Held der Dichtung, während der ganzen Zeitdauer derselben vom ersten Augenblick, da ihn uns der Dichter vorstellt, bis zum Schluß auch nicht in einem Moment die Schaubühne von „Platt Land" verläßt! Das ist eine Kunst der Composition, die um so größer wird, je weniger absichtlich sie auftritt. Wir verlieren unsern Helden auch nicht einen Augenblick aus dem Auge, so buntbewegt die Scenerie sich auch gestaltet, in die ihn der Dichter zu führen genöthigt ist. Und die Erinnerung an ihn, an das Leid, das ihn getroffen, und das Glück, das über ihn gekommen, wirkt in uns nach, lange noch, nachdem wir aus dem Mondzauber der hinterpommerschen Romantik in die sonnenhelle Wirklichkeit unseres Alltaglebens hinausgetreten sind. Und das ist am Ende das sicherste Merkmal des echten Kunstwerks.

Das Streben, dieses Kunstwerk der Vollendung immer näher zu bringen, führt Spielhagen in den folgenden Jahren immer mehr zu dem Studium der epischen Grundbedingungen des Romans. Notwendigerweise gelangt er auf diesem Wege auch zu der Form des Ich-Romans, der er nun nicht nur eine sehr gründliche Untersuchung, sondern auch eine ebenso sorgsam ausgeführte dichterische Arbeit, den Roman „Was will das werden?" (1886) widmet.

Der Ich-Roman, also eine Dichtung, in der der Held als Selbsterzähler auftritt, hat eine eigenthümliche Technik. Es ist ein Irrthum, zu glauben, daß der Dichter diese Form nur nach Belieben oder gar aus Bequemlichkeit wähle. Letzteres ist allerdings bei Anfängern der Fall, denen die Ateliergeheimnisse der Romantechnik noch nicht aufgegangen sind; jeder Novize im Romanfach beginnt sicher mit einem Ich-Roman. Die

Species hat aber im modernen Leben eine solche Bedeutung, daß, gelangt der Poet zu seiner reifsten Entwickelung, er zuverlässig wieder die Form des Ich-Romans wählen wird. Denn diese Form entspricht am meisten dem modernen Zeitbild, sowie die absolute Objektivität und Ichlosigkeit dem antiken Epos, den homerischen Helden, entsprochen hat. Dabei ist natürlich die Voraussetzung, daß jenes geheimnißvolle „Ich" des Romans kein Anderer ist, als der Dichter selbst oder doch irgend ein „Jemand", der dem Dichter soweit gleicht, „als ein stark benutztes Modell dem nach ihm geschaffenen Bilde gleichen wird". Allen Einwänden, die erfahrene Aesthetiker gegen diese Identificirung des Dichters mit seinem Helden erheben möchten, bricht Spielhagen dadurch die Spitze ab, daß er als die letzte Consequenz seiner Theorie den Satz aufstellt und zu beweisen unternimmt: Im tiefsten Grunde finde in jedem modernen Roman eine Congruenz von Dichter und Helden statt, und somit sei jeder von diesen, auch wenn er die Maske der Objektivität und absoluten Ichlosigkeit noch so streng festzuhalten suche, verglichen mit dem uralten epischen Halbbruder, ein — Ich-Roman.

Das Gemeinsame, das Ziel aller epischen Poesie, bleibt das Weltbild, das aus der scharfen Beobachtung der realen Welt hervorgeht, gleichviel ob „Ich" oder „Er" sie anschaut, wobei dann freilich das Bild, je nach der Lage aus, von welcher es gesehen wird, eine veränderte Gestalt wird annehmen müssen. „Wenn ich die Augen ordentlich aufmache, so sehe ich so ziemlich alles, was zu sehen ist," sagte Goethe einmal. Und

allerdings konnte er mit einer solchen Sehkraft den
„Werther" schaffen, von dem er noch im hohen Alter
sagen durfte, er sei ein Geschöpf, das er gleich dem
Pelikan mit dem Blut seines eigenen Herzens gefüttert
habe.

Um wie viel schwerer wird es aber dem modernen
Dichter, ein solches Weltbild, in dem die ganze Zeit
sich spiegelt, zu gestalten! Wie einfach und klar lag
das Bild des Makrokosmos vor dem Homeriden, wie
mächtig zitterte die einzige große Bewegung der Zeit
— der Weltschmerz — durch die Seele Goethes, so
daß er sie nur zu fassen und zu bannen hatte! Und
wie weit auseinanderliegend sind die Strömungen dieser
Tage, in denen wir leben, und die zu schildern der
Dichter unternehmen möchte! Welche ungeheure Massen
sind in beständigem Fluß, welche dämonische Kräfte in
rasender Bewegung! Welche Formen und Stoffe, wie
viele Bewegungen und Richtungen hat die Gegenwart
in sich aufgenommen, die in den stillen Frieden unseres
Kunstlebens wild hereingebrochen, und die nun alle in
einen Guß zu bringen sind, soll das Bild der Zeit,
das moderne Weltbild, ein treues, ein gutes und wahr=
haftiges sein! Alle Bande religiöser Scheu sind längst
gelockert, alle Kräfte der Natur scheinen entfesselt und
von ihrem ewigen Geheimniß die sieben Siegel fast
gelöst, alle politischen Räthselfragen, die je aufgetaucht,
erschrecken die Gegenwart von Neuem und unaufhörlich;
der Windstille halbvergangener Tage ist eine ewige
Unruhe gefolgt, das Klappern der Maschine, das
Schnauben des Dampfes, das Zittern des elektrischen

Drahts, der durch das Herz der Zeit zu gehen scheint — und wie eine grauenhafte Sphinx steht an der Eingangspforte zu diesem Zeitbild das hohläugige Gespenst der socialen Frage, drohend, mahnend und warnend. . . .

„Was will das werden?" So fragen sich auch heute, wie in jenen alten Tagen, die mit den unsrigen eine so verzweifelte Aehnlichkeit haben, alle Leute, die irre geworden an den Erscheinungen der Zeit und die ängstlich nach dem „ruhenden Pol" suchen. Ihnen möchte der Poet, der von seiner einsamen Bergeshöhe aus dies Treiben und Jagen, alle diese Strömungen und Bewegungen verfolgt hat, eine Antwort geben, indem er noch einmal das ganze Bild der Gegenwart einheitlich zusammenfaßt. Habt ihr es gesehen und erkannt, habt ihr den Lauf der Strömungen verfolgt, habt ihr die Kräfte gefühlt, die hier wirken und weben, habt ihr die Mächte gefunden, die den „sausenden Webstuhl" bewegen, habt ihr die Erscheinungen beobachtet, die maßgebend sind für die Gestaltung der Zukunft, nun denn, so ist es an euch, ihr guten Leute, der drohenden Gefahr muthig zu begegnen oder das Kommende mit jener Resignation zu ertragen, die am Ende das einzige Erbtheil solcher wildbewegter Zeitepochen bleiben dürfte. Der Dichter hat seiner Aufgabe gewaltet; er hat die Gefahr gezeigt, er hat den Sturm verkündet, der nahen muß; an den Zeitgenossen ist es, diese Zeichen zu verstehen und darnach zu handeln.

Man sieht, es war ein kühner Wurf, den der Dichter hier gewagt. Aber auch bis in das innerste Mark hat der Dichter diese Zeit getroffen; fast keine Seite in ihr hat er ihr unberührt gelassen, und der Zug auf das Große, Volle und Ganze, der sie durchbebt, ist auch der Grundzug seiner Dichtung. Sogleich die ersten Seiten führen uns, indem sie das innerste Wesen des Helden zeigen, in sein reiches und reines Gemüthsleben, auch in das Leben der Epoche, der der Held angehört. Wieder befinden wir uns in der alten pommerschen Hafenstadt mit den engen Straßen und hochgegiebelten, von den Wogen der See umspülten Häusern, die fast stets den Ausgangspunkt der Schilderungen unseres Dichters bildet. Es ist ja seiner Jugend Stadt, wir kennen sie, und so ist uns auch der junge Lorenz bald lieb und vertraut, dem wir nun durch ein halbes Leben zu folgen haben. Denn er ist es, den der Dichter sich zum Helden erkoren, daß er das Wandelpanorama dieser sturmbewegten Tage vor unseren erstaunten Blicken aufrolle. Eine wehmüthig bewegte Stimmung ist der Grundzug seines Wesens; diese Stimmung verläßt ihn nie, sie ist wohl ein Familienerbe aller Helden des Geistes und der Empfindung. Und daß Lorenz nicht nur der natürliche Sohn eines deutschen Herzogs, sondern auch ein legitimer Enkel — von Goethes Werther ist, das haben wir bald herausgefunden, wenn wir seinen Weltschmerz, sein Grübeln über die Bestimmung des modernen Menschen, seine Irrfahrten und Schicksale, seine Rettung endlich in den Hafen der Liebe mit aufmerksamer Theilnahme verfolgen. Er ist ein moderner Werther — und wir hören ihn ebenso gern sein Leid erzählen und fühlen ebenso tief das unselige Leid der Zeit aus seinem Berichte heraus, wie die Zeitgenossen seines hohen Ahns den seligen Empfindungsüberschwang jener Tage in dem Leben Werthers mitgelebt haben.

Es kann nicht die Aufgabe sein, den Helden durch das Leben zu geleiten. Es genügt, anzuerkennen, daß er das Wichtigste von dem, was das Leben der Gesammtheit erfüllt, miterlebt, beurtheilt, darstellt. Sein Ich ist ein Spiegelbild der Zeit; er ist eben ein moderner Werther, der als der Repräsentant unserer Zeitepoche auftritt und den der Dichter deshalb auch mit allen Gaben des Herzens und Geistes überreich ausgestattet, ja zum Liebling der Götter und Menschen erkoren hat. So bleibt ihm die Wirrniß unserer politischen und socialen Zustände nicht fremd; er wird in sie hineingezogen und muß Stellung zu ihnen nehmen. Die conservative und die Fortschrittspartei, der Militarismus und die Socialdemokratie, der Antisemitismus und der Nihilismus — das sind die Hauptströmungen, dann aber kommen noch viele kleinere Unterströmungen, die alle in diese Zeit und ebenso in das Leben des Helden eingreifen, die also folgerichtig auch alle in dieser Dichtung zur Erscheinung und Ausgestaltung kommen.

Und hier zeigt sich der Dichter denn auch in seiner Objektivität, die ihn über den weiten Raum der Jahrtausende hinweg seinem epischen Bruder nahebringt. Viel leeres und böses Gerede, das weiß er, wird ihm folgen; denn sein Held und dessen Genossen spiegeln so getreu die Fehler der Zeit wieder, daß Alle, die sich davon getroffen fühlen, unwillkürlich aufschreien werden.

"Das ist ein socialdemokratischer Roman", werden die Einen sagen, "die liberalisirende Tendenz und der Haß gegen den Adel ist unverkennbar", werden die Anderen behaupten; und sicher wird es auch nicht an Solchen fehlen, die einen Hauch „antisemitischer Gesinnung" werden zu wittern vermeinen. Ihrer Aller spottet von der errungenen Höhe seiner Weltanschauung aus der Poet. Gerade aus ihrem bunten Chorus hört er das Lob heraus, das seiner Dichtung zu Theil werden muß, den Triumph, den seine Kunst gefeiert hat: In der subjektivsten Form die möglichst objektive Darstellung gegeben zu haben!

Eine so objektive Darstellung, daß kein ehrlicher Kunstrichter zu sagen vermöchte, welche von diesen weitauseinanderliegenden Richtungen er, der Poet selbst, begünstige, welcher er den Sieg wünsche und welche auch nach Allem zum Siege gelangen müsse. Es sei denn, die große Sache des Fortschritts — nicht etwa als Bezeichnung eines Parteibegriffs — sondern als die Sache der Menschheit, als das Ideal aller Poesie, der unser Dichter von je und je gehuldigt. Im Uebrigen aber hat er das Empfinden aller Parteien, die sich um die Zukunft streiten, zu charakteristischem Ausdruck gebracht, und so seines dichterischen Amtes der Objektivität mit treuer Mühe gewaltet.

Die Kunst der Composition und Darstellung, die diesen Ich-Roman auszeichnet, ist bedeutend. Er zeigt künstlerische Zusammenfassung, geschlossene Einheit, scharfe Anatomie des Herzens und der Leidenschaften, psychologische Feinheit der Charakteristik und — zuletzt, doch ja nicht zuletzt — eine Kraft der Sprache, die, mag sie auch hier und da in eine gewisse pathetische Manier ausarten, doch immer von einer seltenen Fülle und Klangfarbe ist und in jedem Satz den epischen Dichter verräth, der in die Höhen und in die Tiefen des Lebens geschaut und der alle Erscheinungen des Lebens im dichterischen Bilde eines Menschen zu erklären weiß, den er „von aller individuellen Beschränktheit befreit und zu einem für die Zeit typischen, für die actuelle Welt repräsentativen Menschen", gewissermaßen zum Träger der Zeitideen, umgebildet hat.

Die Kenner des Essays über den „Ich=Roman" werden wissen, daß diese Forderung von dem Aesthetiker selbst an den Dichter gestellt worden. Er hat sie in diesem Werk, soweit dies nach Zeit und Stoff möglich, erfüllt, in dem Werk, zu dem er berufen und das man recht eigentlich von ihm auch zu erwarten berechtigt war. In dem Epilog seiner Dichtung, in dem er noch einmal Alles zusammenfaßt, was diese Zeit erfüllt, zeichnet sein Held die Aufgabe, deren Lösung er von einem Dichter heischt, der dies Weltbild zu schaffen unternehmen wolle.

„Und ich hatte ihn wohl verstanden," heißt es da, „und mir geschworen, ich wolle, wenn die Himmlischen mir gnädig seien, an diese Arbeit gehen, nach meiner besten Einsicht, mit meinen besten Kräften, mich im voraus gern bescheidend, so es mir auch nur gelänge, ein paar Bausteine herbeizuschaffen für den Meister, der nach mir kommen wird."

So Lorenz, der Held, so Spielhagen, der Dichter. Es ist ein Erfolg seiner Kunst, daß wir Beide auf den weiten Wegen durch den ganzen Roman zu trennen im Stande sind, und daß erst, da dieser uns entläßt, der intime Conner des Dichters mit seinen Helden auffällt, in welchem er sich und doch wieder ein ganz anderes Bild dargestellt hat.

VIII.

Ein Dichter, der das sociale Problem zu seiner Lebensaufgabe gemacht hat, wird natürlich nicht bloß den großen Zeiterscheinungen und weltbewegenden Ereignissen, sondern auch der kleinen Welt des gesellschaftlichen Lebens sein Interesse zuwenden. Jeder Ausschnitt aus diesem Leben der Gesellschaft, der in irgend einer, wenn auch noch so losen Beziehung zu den großen Fragen steht, wird sein Interesse in Anspruch nehmen, jedes psychologische Problem, das der neue Morgen bringt, ihn in seinen Bannkreis ziehen. In einer Reihe von Novellen und kleinen Erzählungen hat Spielhagen — gleichsam in den Zwischenpausen von einem seiner großen Zeitromane zum andern — derartige Ausschnitte aus dem Leben der Gesellschaft und psychologische Probleme in künstlerische Fassung zu bringen gesucht.

Zu den Novellen gehören aus der ersten Periode: „Clara Vere" (1857), „Auf der Düne" (1858), „In der zwölften Stunde" (1863), „Röschen vom Hofe" (1864), „Die schönen Amerikanerinnen" (1865), „Hans und Grete" und „Die Dorfkokette" (1868). Zu den Erzählungen der zweiten Periode: „Deutsche Pioniere" (1871), „Was die Schwalbe sang" (1873), „Ultimo" (1874), „Das Skelett im Hause" (1878), „Quisisana"

(1880), „Angela" (1881), „Uhlenhans" (1883), „An der Heilquelle" (1885), „Noblesse oblige" (1887).

Die Vorzüge, welche man seinen größeren Romanen nachrühmen darf: Die plastische Zeichnung und psychologisch richtige Entwickelung der Charaktere kommen selbstverständlich seinen Novellen besonders zu Gute; andere, wie die breite Behaglichkeit seines vorzugsweise auf das Epische angelegten Talents, hindern ihn nicht, sich gelegentlich einmal auf einen kleinern Lebensausschnitt, auf eine einfache Situation, auf geringwerthige Begebenheiten zu beschränken. Ein reicher Blumenflor liebenswürdiger, anmuthiger Frauengestalten tritt uns in diesen Novellen und Erzählungen entgegen, in denen der Adel und die Anmut des Natürlichen, die Schönheit der Seele, unsern Sinn gefangen nimmt.

Oft ist es auch ein starker psychologischer Conflikt, den Spielhagen zum Mittelpunkt einer Novelle macht und nach seiner Weise zu lösen sucht. Mit Geschick weiß er in seinen Erzählungen einen Knoten auf alle mögliche Weise zu schürzen und dann mit Leichtigkeit zu lösen. Er ringt in seinen Novellen mit Paul Heyse, in seinen kleinen Erzählungen, deren Farbenreichtum und Gestaltenfülle überraschend ist, bald mit Berthold Auerbach, bald mit Theodor Storm um die Palme. Die meisten dieser Erzählungen durchweht ein feiner und glücklicher Humor, eine liebenswürdige Heiterkeit und herzgewinnende Frische. Einzelne, wie „Röschen vom Hofe", „Die Dorfkokette", „Angela", sind Cabinetsstücke realistischer Seelenmalerei, andere, wie der kleine Roman: „Was die Schwalbe sang" und „Quisisana" üben einen besondern Reiz durch die Stimmung der Resignation. Der Dichter geht fast in allen diesen Novellen und Erzählungen von irgend einer Grundmelodie aus, die durch das Ganze forttönt und dann harmonisch oder tragisch ausklingt. Entweder ist es irgend eine Naturscenerie oder der melodische Klang einer Mädchenstimme, ein weithinhallender Ruf, eine seltsame Jugenderinnerung oder auch eine eigenthümliche Frauennatur, ein merkwürdiger Vorgang in der Gesellschaft, ein irgendwie sympathisches Menschenschicksal, das er in den Mittelpunkt seiner Geschichte stellt. Mit kühnem Wurf beginnt er die Geschichte, mit rascher Hand führt er sie zu Ende.

Seine glückliche Naturanschauung, seine geistreiche und fesselnde Darstellungsweise kommen in jenen Novellen, wie in diesen Erzählungen, die natürlich nicht alle gleichwerthig sind, dennoch überall zu voller Geltung.

Spielhagen nennt eine überquellende Phantasie und eine nicht weniger reiche Erfindungskraft sein eigen. Er läßt sich aber durch diese Göttergeschenke doch nicht zu überproduktivem oder allzu hastigem Schaffen verleiten. In einem Zeitraume von dreißig Jahren hat er im ganzen acht große Romane und etwa zwanzig Novellen oder Erzählungen geschrieben. Das ist für einen so reichen Geist und einen so fleißigen Schriftsteller, wie es Spielhagen thatsächlich ist, keineswegs zuviel. Die Versuchung aber, mehr zu schaffen, führte den Dichter wiederholt auf andere mehr oder minder verwandte Gebiete, die dichterische Gestaltungskraft zum Drama, das epische Behagen zur Theorie des Romans.

Mit seinen fünf Schauspielen („Hans und Grete", „Liebe für Liebe" 1875, „Der lustige Rath" 1876, „Gerettet" 1882, „Die Philosophin", 1888) hat Spielhagen sich aber die Bühne noch nicht dauernd zu erobern gewußt. Die natürliche Gewohnheit des Epikers, eine Handlung zu erzählen, statt sie vor unsern Augen sich entfalten zu lassen, hemmt noch seine Schritte auf dem Kothurn. Er selbst kennt den Fehler ganz genau („die veränderte Beschaffenheit unseres geistigen Auges, welches dramatisch zu sehen, so gut wie verlernt hat"), und ringt in heißem Kampfe mit den bösen Geistern, die ihn hindern, ein echtes und rechtes Vollblutdrama statt dramatisirter Novellen oder in dialogische Form gebrachter Romane zu schaffen. Aber er weiß ganz genau, wo das dramatische Leben steckt, und er wird es sicher eines Tages zu finden wissen. Wenn ein Dichter von Gestaltungskraft und Kunstverständniß sich den Interessen des Theaters, dessen Sonne ja im Niedergang ist, mit Eifer zuwendet, so ist das immer ein dankenswerthes Bemühen, dem Jeder die Krone des Erfolgs wünschen möchte. Ein Dichter wie Spielhagen fordert natürlich den höchsten Maßstab und die strengste Beurtheilung heraus. Aber man darf darum doch keinem seiner Versuche die kritische Achtung versagen, welche er sich nun einmal im ehrlichen Ringen erworben und die er unter allen Umständen und von Jedem zu beanspruchen hat. Wir sehen ja Alle Gott sei Dank nicht unter demselben Gesichtswinkel, und es wird vielleicht auch für unsere Bühne wieder einmal eine Zeit kommen, wo an die Stelle der groben Stofflichkeit, des plumpen

Spaßes und der unverhüllten Sinnenerregung die reine Stimmungspoesie, die seelische Vertiefung der Charaktere und die psychologische Lösung von Conflikten, die das Leben aufwirft, wieder wird eintreten können.

Mit größerer Theilnahme ist diese Kritik bisher den ästhetischen Untersuchungen Friedrich Spielhagens über den Roman gefolgt, die er in seinen „Vermischten Schriften" (1877), in den verschiedenen Zeitschriften, die er herausgegeben („Deutsche Wochenschrift", „Sonntagsblatt," und „Westermanns Monatshefte"), in den Einleitungen zu verschiedenen Uebersetzungen (Michelet, Emerson, Curtis, Roscoe u. a.), und in seinen „Beiträgen zur Theorie und Technik des Romans" (1883) in zusammenhängender Darstellung gegeben hat. In der That ist es ein großer Fortschritt, daß die Dichter und nicht die Gelehrten die Gesetze der Poetik feststellen und die Technik des Romans auseinandersetzen. Spielhagen steht als Essayist unter dem Einfluß englischer Schriftsteller, mit denen er die geschickte Gruppirung des Stoffes, die richtige Farbengebung und den kritischen Scharfblick in der Ausführung theilt. Seine Essays über Goethe, über den Humor, über Wilhelm Thackeray und Octave Feuillet sind ebenso beachtenswerth wie seine Studien über Dumas und Ibsen, über George Eliot, Fritz Reuter und Berthold Auerbach. Die kritischen Auseinandersetzungen über das Gebiet des Romans, über das Verhältniß der Kunstgattungen von Roman, Novelle und Drama zu einander, über den Humor im Roman sind von großem Werth für die Poetik der

Zukunft. Es sind meist dichterische Sebstbekenntnisse, die uns einen lehrreichen Einblick in die Werkstatt eines reichen Geistes und eines echten Dichters gewähren. Es sind Ateliergeheimnisse seiner Kunst, die der Dichter seinen aufmerksam lauschenden Zuhörern verräth. Er scheut dabei nicht die Möglichkeit, daß diese Bekenntnisse in die unrechten Hände kommen oder einmal auch gegen ihn verwerthet werden können; er hat es wohl selbst vorausgesehn, daß man den Theoretiker Spielhagen gegen den Dichter Spielhagen oft und oft ausspielen und an den die höchsten Forderungen stellen wird, der selbst an das Epos der Gegenwart die höchsten Anforderungen stellt.

Alle diese Bedenken haben ihn nicht verhindern können, das zu sagen, was er für das Richtige hält im Roman, wie er ja auch mit unerschrockenem Freimuth und unter allen Verhältnissen das gesagt hat, was er für das einzig Richtige hält. im Leben des Menschen, der Gesellschaft, des Staates. Und ein strenger Staatsanwalt ist am Ende doch noch immer gefährlicher als ein strenger Beurtheiler.

IX.

Einige biographische Notizen mögen noch das Bild ergänzen, das wir auf diesen Blättern zu zeichnen versucht haben. Friedrich Spielhagen wurde am 24. Februar 1829 zu Magdeburg als der Sohn eines preußischen Regierungsraths geboren. Schon im sechsten Lebensjahr verließ er die Geburtsstadt mit den Eltern, die nach Stralsund versetzt wurden. Dort, an der Ostsee,

verlebte er seine besten, schönsten Jugendjahre; die tiefen
Eindrücke derselben hat er in seinen „Jugenderinnerungen"
bereits zu schildern begonnen. Und zwar in einer so
liebenswürdigen Weise, daß jede Nacherzählung aus=
geschlossen ist. Man kann nur auf diese Erinnerungen
verweisen und wünschen, daß sie bald fortgesetzt und
zum Abschluß gebracht werden. Spielhagen schildert
auch hier mit epischer Objektivität seine Eltern, seine
Lehrer, seine Jugendfreunde, den kleinen literarischen
Kreis, in dem er seine ersten Anregungen empfangen,
die Zeitung, die die Herren Secundaner geschrieben
und in der seine ersten Dramen, Gedichte und Novellen
abgedruckt wurden.

Wir entnehmen aus diesen Jugenderinnerungen, daß
außer einem Freund, dessen tragisches Ende er selbst
beschreibt, eigentlich Niemand größern Einfluß auf seine
Entwickelung gehabt hat. Daraus entsteht aber früh
ein Gefühl der Selbstständigkeit, das sich später dem
Manne von großem Nutzen erweist. Die Entwickelungs=
periode seiner Studentenjahre in Berlin und Bonn
haben wir bereits Eingangs dieser Darstellung im Zu=
sammenhang mit seinem geistigen Werdeprozeß geschildert.
Auch von dieser Zeit hat Spielhagen eine anmuthende
Schilderung zu entwerfen begonnen, die noch der Fort=
setzung entbehrt.

Aber nicht die Studentenjahre sind bei ihm die des
Sturms und Drangs, sondern erst die folgenden, deren
Schilderung ja ohne Zweifel von großem Interesse sein
würde, wenn eine solche jetzt schon möglich wäre. Viele
Züge zu dem Bilde, das wir uns von des Dichters

Leben entwerfen möchten, tragen seine Helden an sich: Oswald Stein so gut wie Georg Hartwig und Lorenz. Es wird einmal die Aufgabe seines Biographen sein, diese Züge aufzusuchen und zu einem Bilde zu vereinen. Es ist bereits gesagt worden, daß Spielhagen in verschiedenen Berufszweigen sich versuchte, ehe er den ergriffen, in dem er volle Befriedigung, ja das Glück seines Lebens gefunden hat. Er ist Hauslehrer in adeligen pommerschen Familien — daher seine intime Kenntniß der einschlägigen Verhältnisse; er ist Lehrer an öffentlichen Schulen — die Schilderung in „Hammer und Amboß" legt davon Zeugniß ab; ja sogar bis auf die weltbedeutenden Bretter verirrt er sich gelegentlich einmal auf seinem Hamletzuge durch das Leben. Daß er auch Soldat gewesen, wissen wir nicht nur aus seiner Biographie, sondern auch aus seinen Darstellungen militärischer Verhältnisse, die er genauer wie sonst ein deutscher Autor kennt (in „Quisisana", „Allzeit voran" u. a. O.). Endlich findet er als Redakteur des Feuilletons der „Zeitung für Norddeutschland" in Hannover 1859 eine seinen Neigungen entsprechende Stellung. Hier schreibt er seine „Problematischen Naturen". Der Erfolg, den dies Werk erzielt, macht ihn bekannt, ja sogar berühmt.

Und nun siedelt Spielhagen nach Berlin über, um ganz seinem dichterischen Beruf, den er jetzt als den rechten und wahren erkannt hat, zu leben. Neben seinen größeren Arbeiten vernachlässigt er aber die Tagesproduktion nicht. Er begründet die „Deutsche Wochenschrift", um in dieser die großen Fragen der

Zeit zu besprechen. Er widmet sie „den Männern, die sich in ihrer rastlosen Arbeit um des Vaterlandes Wohlfahrt unterstützt sehen möchten, den Frauen, die da begriffen, daß ihr Blick in unserer Zeit noch etwas über Kammer und Küche hinausreichen müsse, den Jünglingen, die frisch von den Urquellen der Schönheit in den Dichtwerken der Alten in die staubige Arena des öffentlichen modernen Lebens treten, und allen den Mühseligen und Beladenen, die des Tages Last und Hitze allzusehr ermattet, um sich noch mit den Tagesfragen eingehend zu befassen, und die doch nicht achtlos daran vorübergehen möchten noch könnten!"

Dieses Programm ist charakteristisch für die Auffassung, welche Spielhagen von seiner literarischen Sendung hat. Er bleibt ihm auch treu, nachdem er erkannt hat, daß sein Forum eigentlich der Roman sei und nicht die Redaktionsstube. Darum unterläßt er es aber doch nicht, zum Volke zu sprechen, um es zu belehren, aufzuheitern, zu trösten und ihm zu rathen. Im „Sonntagsblatt für Jedermann aus dem Volke" und später noch in den „Westermann'schen Monatsheften" sucht er mit Eifer und Fleiß diese Aufgabe zu erfüllen.

Im Uebrigen verzichtet er auf jede officielle Stellung, wie oft auch die Versuchung an ihn herantritt. Er ist sich darüber klar, daß der Dichter, der die Interessen des Volkes vertreten, der alle Strömungen der Zeit in einem Bilde zusammenfassen will, frei und unabhängig sein muß. Diese Unabhängigkeit ist sein höchster Stolz. „Auf sich selber steht er da, ganz allein!" Ja, um dieser Freiheit willen verzichtet er sogar auf die Krö=

nung seines Lebensgebäudes: auf eine maßgebende politische Stellung in Teutschland, die ihm doch wohl gebührte, die er sich gewiß erobert und die er ebenso gewiß vortrefflich ausgefüllt hätte.

Er gründet sich vielmehr inmitten der Hauptstadt ein stilles Dichterheim, ein trautes Nest, in das er ein Weib einführt, das zu rühmen Niemand werth ist, dessen Bedeutung aber für den Dichter und sein Leben nicht hoch genug angeschlagen werden kann. An der Seite dieses Weibes, die zugleich seine Freundin, seine Beratherin, die Theilnehmerin seiner Arbeiten, seiner Sorgen und Kämpfe ist, lebt er seither, von einer frohen, lieblichen Kinderschaar umspielt, von einem Kreis treuer Freunde umgeben, ausschließlich seinen dichterischen Arbeiten. Nichts kann ihn in diesem Schaffen beirren, nichts hemmen. Unentwegt geht er seinem Ziel entgegen, das ihm seit nunmehr dreißig Jahren klar vor Augen steht.

Das ist das Gerüst der Biographie Spielhagens, dürftig zwar und trocken, aber doch wohl ausreichend, um das Wichtigste in dem literarischen Charakter zu erklären: seine Selbstständigkeit, seine genaue Kenntniß des Lebens in allen Verhältnissen, seinen Freimuth in der Beurtheilung von Personen und Dingen.

Die rechte Biographie eines Dichters sind seine Werke. In denen Spielhagens findet man, wie gesagt, die besten aber auch die wahrsten Züge aus seinem Leben, das äußerlich klar und ruhig scheinend, doch wohl große seelische Conflikte, Wandlungen, Schmerzen und reiche Erfahrungen in sich birgt. Was Spielhagen geworden, ist er durch sich selbst geworden. Und es wurde ihm schwer, viel schwerer als tausend Anderen, dies zu werden. Aber das Genie ist wie die Quelle: beide werden immer klarer und reiner, je enger sie sich durch Felsenblöcke winden und ihren Weg über Steine suchen mußten.

X.

Der Kritiker, der das Schaffen Friedrich Spielhagens zu analysiren hat, befindet sich diesem Dichter gegenüber eigentlich in einer sehr günstigen Lage, ganz gleich, wie er dieses Schaffen zu beurtheilen die Absicht hat. Er kann sich im Guten wie im Bösen immer auf die eigenen Urtheile und Anschauungen des Dichters berufen und durch dieselben entweder seine Ansichten bestätigen oder auch des Dichters Tendenzen ad absurdum führen; denn kaum ein moderner Schriftsteller hat sein eigenes Schaffen, sein Sinnen und Trachten, sein Wollen und Vollbringen so zum Gegenstand eifrigen Studiums und ehrlicher Selbstkritik gemacht, wie Spielhagen. Kaum einem verdanken wir auch so viel dichterische Selbstbekenntnisse. Fassen wir die Summe aller dieser Erklärungen und Bekenntnisse zusammen, so ergeben sich folgende feste Punkte: Spielhagen stellt die souveräne Hoheit der Poesie über Alles, so daß er sie in keinem Falle irgend einer politischen Partei oder einer literarischen Strömung als gehorsame Sklavin ausliefern würde. Er weiß, daß alles Vergängliche nur ein Gleichniß ist und daß in der richtigen Deutung dieses Gleichnisses seine große Lebensaufgabe besteht. Er lebt des unerschütterlichen Glaubens, daß der Dichter ein

Priester des Schönen, ein Zeuge ist, der „in dem großen Prozeß der Entwickelungsgeschichte des Menschengeschlechts die Wahrheit, die ganze Wahrheit und nichts als die Wahrheit zu reden hat". Er hat es als sicher erkannt, daß „was der ganzen Menscheit zugetheilt ist und nicht worauf der Peter oder der Paul so hitzig versessen sind, das große, unantastbare, unveräußerliche Reich des Dichters bildet". Er ist sich dessen vollbewußt, daß er dem Ganzen am Besten dient, wenn er die ewigen Wahrheiten, die des Menschenlebens eigentlichen Inhalt und Gehalt ausmachen, zu möglichst vollendetem Ausdruck bringt. Er hat aber auch gelernt, daß nur der Dichter für alle Zeiten lebt, der den Besten seiner Zeit genug gethan, indem er der Natur ihren Spiegel und dem Jahrhundert sein eigenes Bild gezeigt hat. Er kann deshalb gar nicht sich in den Dienst einer Partei stellen, er hat nur die Menschen, die wirklichen vollen Menschen zu schildern, das Geschlecht, das ihm gleich ist, zu leiden, zu weinen, zu genießen und sich zu freuen wie er. Er weiß aber auch, daß der wahre Dichter nur für den Fortschritt der Menschheit und für die Freiheit der Welt kämpfen kann, kämpfen darf. Er kämpft darum mit scharfen Waffen gegen die Heuchelei in jeder Form, gegen den brutalen Egoismus, gegen die Mächte der Finsterniß, gegen die Herrschaft der Willkür, gegen die schlechten Instinkte des Einzelnen wie der Massen. Und wehe der Partei, der er in diesem Kampfe für die Majestät der Wahrheit nicht dient!

Von diesen Grundsätzen ausgehend, die aus der Tiefe eines liebewarmen Herzens strömen, hat Spiel=

hagen die große Idee seines Lebens, das Bild seiner Zeit in den entscheidenden Epochen darzustellen, mit nimmermüder Energie und unentwegter Kraft bisher durchgeführt. So bilden seine acht großen Romane ein genaues Bild unserer Zeit. Fünfzig Jahre deutschen Lebens und Kämpfens, deutscher Arbeit und Cultur, von dem Sturm der Julitage 1830 bis zu der Kugel, mit der ein Bube auf das Haupt des greisen Heldenkaisers zielte (in dem eben erscheinenden Roman „Der neue Pharao"), also Sturm und Sonnenschein deutscher Größe und Ehre, Noth und Schmach, Sorge und Unglücks, kommen in ihnen zu typischer Ausgestaltung, zu plastischer Anschauung. Auch zu ihm sprach die Muse jene Worte, mit denen sie nach Goethe einst einen ältern Genossen zu seiner poetischen Sendung weihte:

Ich hab' Dich auserlesen
Vor vielen in dem Weltwirrwesen,
Daß Du sollst haben klare Sinnen,
Nichts Ungeschicklichs magst beginnen.
Wenn Andre durcheinanderrennen,
Sollst Du's mit treuem Blick erkennen;
Wenn Andre bärmlich sich beklagen,
Sollst schwankweis Deine Sach fürtragen;
Sollst halten über Ehr und Recht,
In allem Ding sein schlicht und schlecht,
Nichts verlindert und nichts verwitzelt,
Nichts verzierlicht und nichts verkritzelt,
Sondern die Welt soll vor Dir stehn,
Wie Albrecht Dürer sie hat gesehn,
Ihr festes Leben und Männlichkeit,
Ihre inn're Kraft und Ständigkeit.
Der Naturgenius an der Hand,
Soll Dich führen durch alle Land',

Soll Dir zeigen alles Leben,
Der Menschen wunderliches Weben,
Ihr Wirren, Suchen, Stoßen und Treiben,
Schieben, Reißen, Drängen und Reiben,
Wie kunterbunt die Wirthschaft tollert,
Der Ameishauf durcheinander kollert;
Mag Dir aber bei Allem geschehn
Als thät'st in einen Zauberkasten sehn.
Schreib das dem Menschenvolk auf Erden,
Ob's ihm möcht' eine Witzung werden.

Und da ging der liebe Meister hin und dichtete seine lebenswahren Bilder, seine köstlichen Schwänke, seine frischen Geschichten. Unser Meister hat's ihm nachgemacht all die Jahr hindurch mit dem nie stockenden Pulsschlag einer lebendigen Empfindung, einer sittlichen Kraft und eines poetischen Vermögens, die vereint den Dichter machen. Sein Wort und sein Beispiel werden noch lange zum Haß gegen alles Unwahre und Unfreie, zum Kampf für den Fortschritt, zur Begeisterung für des Vaterlandes Größe und Ehre entflammen. Das sind Verdienste, denen die Propyläen der Dichtung wie die Hallen der Geschichte stets freudig geöffnet werden.